MIT MORD DAVONKOMMEN

15 SCHAURIGE COLD CASES, DIE SIE ZWEIMAL ÜBERLEGEN LASSEN, OB SIE NACH DRAUßEN GEHEN

COLD CASE KRIMISERIE #7

WILLIAM WEBB

Absolute Crime Presse
ANAHEIM, *KALIFORNIEN*

ausschließlich für redaktionelle und pädagogische Zwecke verwendet.

ABSO UTE CR ME

www.AbsoluteCrime.com

Inhalt

ÜBER ABSOLUTE CRIME

Absolute Crime veröffentlicht nur die beste wahre Kriminalliteratur. Wir konzentrieren uns auf die Verbrechen, von denen Sie wahrscheinlich noch nie gehört haben, über die Sie aber gerne mehr lesen möchten. Mit jeder fesselnden und packenden Geschichte versuchen wir, die Leser Momente der Geschichte wiedererleben zu lassen, die manche Menschen zu vergessen versucht haben.

Denken Sie daran, dass unsere Bücher nichts für schwache Nerven sind. Wir halten uns nicht zurück - wenn ein Verbrechen blutig ist, lassen wir die Worte über die Seite spritzen, damit Sie das Verbrechen auf die schrecklichste Weise erleben können!

Wenn Ihnen dieses Buch gefällt, besuchen Sie bitte unsere Homepage (www.AbsoluteCrime.com), um andere Bücher zu sehen, die wir anbieten; wenn Sie ein Feedback haben, würden wir uns freuen, von Ihnen zu hören!

Tragen Sie sich in unsere Mailingliste ein, und wir schicken Ihnen ein kostenloses True-Crime-Buch zu!

http://www.absolutecrime.com/newsletter

EINFÜHRUNG

Obwohl die Zahl der Morde in den Vereinigten Staaten seit den 1960er Jahren zurückge-
gangen ist, werden jedes Jahr Tausende von
Fällen nicht aufgeklärt. Im Jahr 2013 war die
Aufklärungsquote mit nur 65 Prozent der
insgesamt begangenen Morde so niedrig wie
nie zuvor. Die folgenden 15 Morde wurden
zwischen 1958 und 2014 begangen. Der älteste
dieser Fälle betrifft den bizarren Mord an Pearl
Eaton, einem der berühmten Ziegfeld Follies
Girls aus den 1920er Jahren. Von Anfang an

gab es keine Spuren oder Verdächtigen und das Verbrechen ist nach wie vor eines der am wenigsten aufgeklärten der 15 ungelösten Verbrechen. Der jüngste Fall - der Mord an vier Mitgliedern der Familie McStay, die im November 2013 in der kalifornischen Wüste begraben aufgefunden wurden - wird derzeit noch untersucht.

1991 MORDE IM JOGHURT-SHOP IN AUSTIN

Gegen 23 Uhr am Abend des 6. Dezember 1991 schlossen vier Mädchen im Teenageralter einen Joghurt-Laden im Norden von Austin, Texas. Kurz vor Mitternacht rückte die Feuerwehr von Austin zu einem Brand am selben Ort aus. Die Feuerwehr- und Polizeibeamten dachten, es handele sich um einen Gebäudebrand, und entsetzten sich, als sie in den Trümmern die Leichen der vier Teenager entdeckten. Der erste Polizeibeamte, der das Gebäude betrat, beschrieb den Schauplatz als ein einziges Gemetzel. Dreiundzwanzig Jahre später sitzt noch immer niemand für dieses Verbrechen im Gefängnis.

Jennifer Harbison und Eliza Thomas, beide 17 Jahre alt, arbeiteten in dem Laden I Can't Believe it is Yogurt! in einem Einkaufszentrum in der 2949 West Anderson Lane in Austin, Texas. Jennifers Schwester Sarah Harbison, 15 Jahre alt, und ihre 13-jährige Freundin Amy Ayers kamen am Abend des 6. Dezember 1991 zu den beiden Mädchen in den Laden, um beim Schließen zu helfen. Alle vier Mädchen wurden später von Familie, Freunden und Schulbehörden als gesund, lebensfroh und bei ihren Mitschülern beliebt beschrieben.

Irgendwann nach Geschäftsschluss schossen ein oder mehrere Angreifer drei der Jugendlichen einmal in den Hinterkopf und dem vierten Mädchen zweimal. Es wurden sowohl Waffen des Kalibers .22 als auch .380 verwendet. Das vierte Mädchen wurde außerdem erwürgt, und einer, vielleicht auch zwei, der Jugendlichen wurden sexuell missbraucht. Alle vier Mädchen wurden entkleidet, gefesselt und geknebelt. Drei der Leichen wurden im Hinterzimmer des Ladens übereinander gestapelt. Der jüngste Teenager versuchte zu fliehen und wurde in der Nähe der Eingangstür getötet; die leere Kassenschublade wurde neben ihrer Leiche gefunden. Der Schlüssel zur Eingangstür steckte noch im Schloss - ein Detail, das die Ersthelfer dazu veranlasste, die Tür aufzubrechen.

Um Zeugen auszuschalten und das Verbrechen zu vertuschen - das möglicherweise als Raubüberfall begann - stapelten die Angreifer Styroporbecher auf die Leichen, übergossen sie mit Feuerzeugbenzin und setzten den Laden in Brand. Ein patrouillierender Polizeibeamter benachrichtigte die Feuerwehr um 23:47 Uhr. Als man später die Armbanduhr von Jennifer Harbisons Arm abnahm, zeigte die Uhr 23:48 Uhr an.

Der Gerichtsmediziner stellte fest, dass alle vier Mädchen bereits tot waren, bevor das Feuer ausbrach, und dass sie alle schwere Verbrennungen hatten. Obwohl sie alle durch einen Schuss in den Hinterkopf hingerichtet wurden, fand man sie alle vier mit dem Gesicht nach oben auf dem Boden des Joghurtladens liegend.

Augenzeugen und Kunden aus der Tatnacht konnten Hinweise zu den letzten Stunden in dem Joghurt-Laden geben. Unter ihnen war ein ehemaliger Polizeibeamter und Inhaber einer Sicherheitsfirma, dem ein großer, dünner, junger Mann in einer grünen Tarnjacke auffiel. Der Mann verhielt sich seltsam und ging in den hinteren Teil des Ladens, um die Toilette zu benutzen, kehrte aber nicht zurück. Der misstrauische Inhaber der Sicherheitsfirma sagte später der Polizei, er befürchte, der Mann habe gewartet, bis das Geschäft geschlossen und die Vordertür verschlossen war, und dann einen Komplizen durch die Hintertür hereingelassen. Der Mann mit der grünen Jacke wurde nie identifiziert.

Kurz vor 23.00 Uhr bemerkte ein Ehepaar zwei Männer, die in einer der Kabinen des Joghurtladens saßen. In ihrer Schilderung gaben die beiden an, dass sich die Männer seltsam verhielten und sie sich unwohl fühlten, ähnlich wie bei dem Mann in der grünen Jacke.

Als das Paar den Laden verließ, waren die beiden Männer immer noch da und beobachteten die Mädchen, wie sie leere Serviettenbehälter füllten und leere Stühle auf den Tischen umdrehten. Obwohl das Feuer den größten Teil der Inneneinrichtung des Ladens zerstörte, zeigen Tatortfotos eindeutig die von dem Paar beschriebene Kabine. Der Serviettenbehälter war noch leer und auf dem Tisch dieser einen Kabine standen keine Stühle. Die beiden Männer konnten nicht ausfindig gemacht werden.

Im Laufe der Jahre gab es eine lange Liste von Verdächtigen. Aus unklaren Gründen gestanden mehr als 50 Personen, meist Jugendliche, die Tat, und Hunderte weitere wurden befragt. Innerhalb der ersten 2 Wochen gab es 25 mögliche Hinweise. Dazu gehörten ein Mädchen im Teenageralter und ihr Freund, die zwar ein Geständnis ablegten, aber letztlich keine genauen Einzelheiten des Verbrechens kannten; eine Gruppe mutmaßlicher Drogendealer, die durch einen 911-Tipp aufgespürt worden waren, aber wasserdichte Alibis hatten; und zwei Männer, die zuvor des Mordes an zwei Angestellten eines

Lebensmittelgeschäfts in Austin verdächtigt
wurden. Jeder Spur wurde nachgegangen,
aber alle endeten in einer Sackgasse.

Mal war die Polizei in Austin überzeugt, dass
eine Verhaftung unmittelbar bevorstand, mal
gab es keine brauchbaren Spuren, und der Fall
war kalt. Die verhaltenswissenschaftliche Abtei-
lung des Federal Bureau of Investigation in
Quantico, Virginia, erstellte ein Profil der
Mörder - weiße Männer im Alter von 17 bis 28
Jahren, emotional unreif und leicht reizbar -
und 20 große Plakatwände, die von örtlichen
Unternehmen gespendet wurden, wurden in
der ganzen Stadt aufgestellt. Auf den Pla-
katwänden waren Fotos von jedem Mädchen
abgebildet und eine Belohnung ausgesetzt, die
im Laufe der Zeit von 25.000 auf 100.000 Dollar
anstieg. Obwohl die Plakatwände mehr als
2.000 Hinweise erbrachten, wurde die Belohnung nicht in Anspruch genommen. Ein
Phantombild eines Mannes, der häufig in einem
Auto vor dem Joghurt-Laden gesehen wurde,
wurde ebenfalls an die Öffentlichkeit verteilt,
lieferte aber keine neuen Hinweise. Das Verbrechen erregte auch landesweit

Aufmerksamkeit, als es Gegenstand von Episoden von 48 Hours (März 1992) und America's Most Wanted (August 1992) war.

Im Frühjahr 1993 erweiterte die Polizei von Austin die ursprünglich 12-köpfige Task Force, die die Morde untersuchte, um sechs neue Beamte. Da es keine neuen Hinweise gab, arbeitete das zusätzliche Personal einen Rückstand von mehreren tausend Hinweisen ab, bevor sich die Task Force auflöste. Zwei Detectives der Mordkommission blieben zur Überwachung der Ermittlungen im Einsatz, während ein FBI-Agent, ein Brandstiftungsermittler aus Austin und ein Beamter des Ministeriums für Alkohol, Tabak und Schusswaffen ihre Arbeit in Vollzeit fortsetzten.

Im Dezember 1993 wurde die Tür des Joghurtladens zugemauert und die Fenster verdunkelt und verstärkt. Der Raum wurde schließlich für andere Einzelhandelszwecke umgebaut und ist nicht mehr als Joghurtladen erkennbar. Eine Bronzetafel mit den Namen aller vier Opfer wurde auf einer Grünfläche des Parkplatzes des Einkaufszentrums aufgestellt.

Über 2 500 Menschen nahmen an der gemeinsamen Gedenkfeier für die vier Mädchen teil. Drei der Teenager - Jennifer, Sarah und Amy - wurden nebeneinander beigesetzt und eine Gedenkbank an der Grabstätte aufgestellt.

Ende 1992 wurden drei mexikanische Staatsangehörige, die wegen der Entführung und Vergewaltigung einer Frau vor einem Nachtclub in Austin angeklagt waren, zu den Morden in einem Joghurt-Laden befragt, und einer von ihnen gestand die Tat sogar. Zwei der Männer widerriefen später ihre Aussagen und erklärten, sie seien zu falschen Aussagen gezwungen worden. Alle drei Männer wurden schließlich von der Liste der Verdächtigen gestrichen und nie wegen des Verbrechens angeklagt.

Kenneth Allen McDuff, der 1998 vom Staat Texas für eine Reihe brutaler Verbrechen zwischen 1965 und 1992 hingerichtet wurde, wurde wiederholt zu den Morden in den Joghurt-Läden befragt, leugnete jedoch jede Beteiligung. Eine ungenannte Quelle teilte einem Fernsehsender in Austin mit, dass

McDuff die Joghurt-Shop-Morde am Tag seiner Hinrichtung gestanden habe, aber die Ermittler sagten, dass wichtige Details des Verbrechens nicht stimmten und sie dem Geständnis nicht glaubten. Angesichts seiner langen gewalttätigen Vergangenheit, zu der auch die Entführung und Ermordung von drei Jugendlichen in Fort Worth gehört, hatte McDuff wahrscheinlich Antworten auf zahlreiche ungelöste Verbrechen, nahm diese Informationen aber mit in den Tod.

Die letzten der in Frage kommenden Verdächtigen waren vier Männer, die 1999 festgenommen wurden. Zur Tatzeit waren alle vier Teenager und zwei von ihnen waren noch minderjährig. Michael James Scott (25), Forrest Welborn (23) und Maurice Earl Pierce (24) wurden in Texas verhaftet; Robert Burns Springsteen (24) wurde verhaftet und von West Virginia ausgeliefert. Die Informationen, die zu den Verhaftungen führten, stammten aus einer Befragung von Pierce im Jahr 1997, der einige Tage nach den Morden in einem Einkaufszentrum mit einer Kaliber-.22-Pistole erwischt wurde. Pierce sagte der Polizei, dass es sich um die Waffe handelte, die bei den Morden im Joghurt-Laden verwendet wurde, dass aber Welborn die Waffe zu diesem Zeitpunkt besaß. Nach mehreren Befragungen stellte die Polizei fest, dass beide gelogen hatten, und es wurde keine Anklage erhoben.

Das Verhör von Pierce und Welborn führte schließlich zur Befragung von Springsteen und Scott, die beide das Verbrechen gestanden, aber auch Pierce und Welborn belasteten. Alle vier wurden im Oktober (1999) verhaftet und wegen Mordes angeklagt. Nach 8 Jahren ohne einen einzigen Verdächtigen glaubten die Einwohner von Austin, dass die Polizei endlich die Mörder gefasst hatte. Bei der Verhandlung bestand der Staatsanwalt darauf, dass Springsteen den Laden früher am Abend betreten und das Schloss der Hintertür manipuliert hatte, damit seine Komplizen später für einen Raubüberfall eintreten konnten. Als die Männer bei Ladenschluss vier statt zwei Teenager entdeckten, ermordeten sie die vier Mädchen und versuchten, die Tat zu vertuschen, indem sie das Gebäude niederbrannten.

Zwischen 1999 und 2009 wurden die Fälle gegen jeden der vier Männer wiederholt vor Gericht verhandelt und wieder eingestellt. Sowohl Welborn als auch Pierce waren zum Zeitpunkt des Verbrechens Jugendliche und es gab einen Gerichtsstreit darüber, ob sie als Erwachsene verurteilt werden sollten. Währenddessen weigerten sich die Geschworenen zweimal, Welborn anzuklagen, der beschuldigt wurde, als Aufpasser und Fluchtwagenfahrer fungiert zu haben. Pierce beharrte auf seiner Unschuld und gab lediglich zu, in der Nacht nach der Tat mit den anderen drei zusammen gewesen zu sein. Aus Mangel an Beweisen wurden schließlich im Juni 2000 alle Anklagen gegen Welborn fallen gelassen.

Da er zur Zeit der Morde noch ein Jugendlicher war, drohte Pierce eine lebenslange Haftstrafe. Da er vor den Morden nur geringfügig verhaftet worden war und keine stichhaltigen Beweise gegen ihn vorlagen, wurden alle Anklagen im Januar 2003 fallen gelassen. Pierce blieb von dieser Erfahrung gezeichnet. Obwohl er entlastet worden war, hielt ihn die Polizei weiterhin für einen Hauptverdächtigen, und Familienangehörige äußerten später, dass Pierce befürchtete, irgendwann erneut für das Verbrechen verhaftet zu werden. In der Nacht des 23. Dezember 2010 überfuhr Pierce Berichten zufolge ein Stoppschild. Als Polizeibeamte aus Austin versuchten, ihn anzuhalten, zog er den Wagen an den Straßenrand und floh zu Fuß. Daraufhin kam es zu einer Auseinandersetzung, bei der Pierce Berichten zufolge ein Messer aus dem Gürtel eines der Beamten nahm und ihm in den Hals stach. Der Beamte überlebte, konnte aber einen einzigen Schuss abfeuern, der Pierce tödlich traf.

Die Staatsanwaltschaft forderte die Todesstrafe für Springsteen und Scott mit der Begründung, dass die beiden Männer Details des Verbrechens kannten, die nur die Mörder kennen würden. Die Verteidiger argumentierten, die Polizei habe Springsteen und Scott zu ihren Geständnissen gezwungen, und es tauchte ein Foto auf, auf dem ein Polizeibeamter aus Austin zu sehen ist, der Scott in einem Verhörraum eine Waffe an den Kopf hält. Obwohl der Staatsanwalt die Vorwürfe vehement

zurückwies, wurde der Beamte schließlich entlassen.

Im Jahr 2001 wurde Springsteen wegen
Mordes verurteilt und erhielt die Todesstrafe.
Im Jahr 2005 wurde seine Strafe in lebenslange
Haft umgewandelt, nachdem der Oberste
Gerichtshof entschieden hatte, dass die Hinrichtung von jugendlichen Mördern verfassung-
swidrig ist. Im Jahr 2008 gewährte das
texanische Berufungsgericht Springsteen ein
neues Verfahren mit der Begründung, er sei zu
Unrecht verurteilt worden. Unter Berufung auf
den sechsten Zusatzartikel der US-Verfassung
argumentierte Springsteens Anwalt, dass er
aufgrund einer schriftlichen Aussage seines Mi-
tangeklagten Scott verurteilt worden sei. Das
texanische Gericht entschied, dass Springsteen
das verfassungsmäßige Recht verweigert
wurde, seinen Ankläger zur Rede zu stellen.

Scott wurde 2002 in einem separaten Verfahren zu lebenslanger Haft verurteilt. Wie im
Fall von Springsteen argumentierte Scotts Anwalt, dass Springsteens Geständnis zur
Verurteilung von Scott und Scotts Geständnis
zur Verurteilung von Springsteen beigetragen

habe, dass aber keinem der beiden sein verfassungsmäßiges Recht auf Konfrontation mit dem anderen gewährt worden sei. Im Juni 2009 wurden beide Verurteilungen aufgrund dieser Formalität aufgehoben, und Scott und Springsteen wurden auf Kaution freigelassen. Die Staatsanwaltschaft versprach, beide erneut anzuklagen.

Eine mögliche Wiederaufnahme des Verfahrens gegen die beiden verbleibenden Verdächtigen wurde dadurch erschwert, dass ballistische Tests des FBI ergaben, dass die Handfeuerwaffe, die Pierce gehörte, nicht die Mordwaffe war. Die zweite Waffe - eine halbautomatische Pistole des Kalibers .380, von der angenommen wird, dass sie Springsteen gehörte - wurde nie gefunden. Vor allem aber wurden 2008 am Tatort entnommene DNA-Proben getestet, die von zwei, möglicherweise drei unbekannten Männern stammten. Keine davon passte zu einem der vier Verdächtigen. Die Verteidiger argumentierten, dass die DNA von den wahren Mördern stamme und beweise, dass die Geständnisse erzwungen worden seien. Die Staatsanwälte argumentierten, dass die DNA-Proben entweder verunreinigt waren und/oder dass die vier ursprünglich Verdächtigen von weiteren Komplizen unterstützt wurden.

Im Februar 2013 beantragten die Verteidiger von Scott und Springsteen DNA-Tests bei anderen Verdächtigen, um nach Übereinstimmungen mit den nicht identifizierten männlichen Proben zu suchen, die am Tatort gefunden wurden. Die Tests würden auch den Serienmörder Kenneth McDuff umfassen, der 1998 hingerichtet wurde. Weitere DNA-Tests für die alternativen Verdächtigen wurden noch nicht durchgeführt.

Aufgrund der ballistischen Tests und des Fehlens einer DNA-Übereinstimmung mit Springsteen oder Scott ließ der Staatsanwalt am 28. Oktober 2009 alle Anklagen gegen die beiden Männer fallen. Trotz des völligen Fehlens von Beweisen am Tatort gelten Scott und Springsteen seit 2014 weiterhin als Hauptverdächtige in den Morden am Joghurt-Shop. Obwohl ihre Verurteilungen aufgehoben wurden, hat das Gericht keine gerichtliche Unschuldserklärung abgegeben. Folglich haben sie keinen Anspruch auf Entschädigung für die Jahre, in denen sie zu Unrecht inhaftiert waren. Springsteen bemüht sich aktiv um seine Unschuld und letztlich um eine Entschädigung vor dem texanischen Zivilgerichtssystem.

ABNER ZWILLMANN

26. Februar 1959: Man fand ihn erhängt mit einem Plastikseil an einem Wasserrohr im Keller seines Hauses in West Orange, New Jersey. In einem dreiseitigen Nachruf in der New York Daily News war von Selbstmord die Rede, aber es gab verräterische Blutergüsse an seinen Hand- und Fußgelenken, die darauf hindeuteten, dass er gefesselt gewesen war. Während sein Tod technisch gesehen ungeklärt bleibt, wurde Abner Longie Zwillman, 55 Jahre alt, wahrscheinlich zum Schweigen gebracht.

27. Februar 1959: Kaum 24 Stunden, nachdem seine Leiche gefunden worden war, drängten sich 350 Menschen im Apter Funeral Home; 1.500 weitere standen draußen. Unter der Menge befanden sich Hollywood-Produzenten, Politiker, Geschäftsleute und

Neugierige. New Jerseys Third Ward hatte
seinen berüchtigtsten und legendärsten Bewohner verloren.

Abner Zwillman wurde als eines von sieben
Kindern verarmter russisch-jüdischer Einwan-
derer geboren. Er wurde am 27. Juli 1904 in
Newark, New Jersey, geboren. Die Familie
lebte in der Charlton Street, gleich westlich des
Einkaufsviertels Prince Street in Newark. Die
Charlton Street war auch nur vier Blocks von
der berüchtigten Broome Street und ihren zahlreichen Saloons entfernt. Wegen seiner
großen, schlanken Statur erhielt der älteste
Sohn der Zwillmans den Spitznamen Longie,
den er sein ganzes Leben lang trug.

Als Kind erledigte Abner Botengänge für
Kleingeld; die meisten seiner Kunden waren
Buchmacher und Zuhälter. Als sein Vater 1918
starb, verließ Abner im Alter von 14 Jahren die
Charlton Street School, wo er gerade die achte
Klasse abgeschlossen hatte. Seine ältere
Schwester Bessie versuchte, die Familie zu un-
terstützen, aber der Lohn als Stenograph in
einem Versicherungsbüro reichte nicht aus, so
dass Abner in einem Café in der Prince Street

arbeiten ging. Da die Gehälter von Abner und
Bessie zusammen immer noch nicht
ausreichten, mietete Abner ein Pferd und einen
Wagen und begann, auf den Straßen von New
Jerseys Third Ward Waren zu verkaufen. Als
einkommensschwache Gegend konnten sich
die meisten Bewohner des Viertels Abners
Obst und Gemüse nicht leisten, so dass er sein
Geschäft in das wohlhabendere Clinton Hill-
Viertel verlegte. Da er bald erkannte, dass die
Hausfrauen in Clinton Hill mehr an Lottozahlen
als an Produkten interessiert waren, änderte
Abner sein Geschäftsmodell und gründete
seine eigene Zahlenbank, die ein organisiertes
Netz von Drogerien, Saloons und anderen
kleinen Geschäften umfasste. Die Läden sammelten für Abner Wetten ein und erhielten
dafür ein Gehalt von 30 Dollar pro Woche. Da
er sich seiner Familie verpflichtet fühlte und
nicht wollte, dass sie jemals wieder Hunger lei-
den musste, nutzte Abner seine List, um zu be-
trächtlichem Reichtum zu gelangen, und noch
bevor er 20 Jahre alt war, kontrollierte er das
Nummerngeschäft in fast ganz Newark.

Zwillman und seine Happy Ramblers-Gang lebten und arbeiteten hauptsächlich in den jüdischen Vierteln rund um die Prince Street in Newark und schützten dort ansässige Unternehmen und Familien vor scheinbar endlosen antisemitischen Belästigungen und Übergriffen. Drohungen mit Ärger wurden mit "Ruff der Langer" beantwortet - dem jiddischen Ausdruck für "Ruf den Langen" - und diese Anrufe wurden immer schnell beantwortet.

Zwillman finanzierte auch Newarks Suppenküchen während der Depressionsjahre, bezahlte die Lieferung von Waffen nach Israel während des Unabhängigkeitskampfes, sorgte dafür, dass jüdische Familien während der Feiertage Lebensmittelkörbe erhielten, und ließ Lastwagen zu Weihnachten Lebensmittel und Spielzeug an christliche Familien verteilen.

Für diese vielen Wohltaten und trotz seiner bekannten kriminellen Verbindungen erwarb sich Zwillman die lebenslange Dankbarkeit und den Respekt derer, denen er half.

Das Volstead-Gesetz wurde 1920 als Mittel zur Durchsetzung des achtzehnten

Verfassungszusatzes in Kraft gesetzt. Der
Zusatzartikel und das Gesetz verboten die Her-
stellung und den Verkauf von alkoholischen
Getränken in den gesamten Vereinigten
Staaten. Abner Zwillman und seine Partner, die
als Big Seven Group bekannt wurden, ließen
sich von der Gesetzgebung nicht einschüchtern
und erkannten die Chance auf ein lukratives
Geschäft und wurden zu einem der größten
Schmugglerunternehmen an der Ostküste. Zu
den Mitgliedern der Gruppe gehörten Zwillman
und Enoch Nucky Johnson (beide aus New Jersey), Moe Dalitz (aus Cleveland), Waxey Gor-
don und Harry Nig Rose (aus Philadelphia)
sowie Danny Walsh (aus Providence, Rhode Island). In den späten 1920er Jahren wurde die
Gruppe auch von dem Italiener Charles Lucky
Luciano und dem Russen Meyer Lansky unterstützt, die von Florida aus operierten.

Mit umgebauten gepanzerten Lastwagen
aus dem Ersten Weltkrieg schmuggelte die
mächtige Organisation Tausende von Kisten illegalen Alkohols aus Kanada in die Vereinigten
Staaten und verteilte ihn von Zwillmans
Lagerhäusern im Dritten Bezirk aus. Die

Gruppe hatte auch viel Hilfe von ihren Verbündeten aus Politik und Strafverfolgung. Die Polizei schaute oft weg oder schützte ganz offen die Lastwagenrouten oder die Lagerhäuser, um sicherzustellen, dass die Waren nicht entführt wurden. Als die Prohibition 1933 endete, kontrollierte Zwillmans Gruppe mehr als 40 Prozent des illegalen Alkoholhandels in den Vereinigten Staaten - Berichten zufolge mehr als Al Capone.

Zwischen dem Ende der Prohibition und seinem Tod nutzte Zwillman sein Geld, sein gutes Aussehen und seinen Charme, um sein Geschäft zu diversifizieren. Seine Geschäfte umfassten sowohl illegale Aktivitäten - Prostitution, Glücksspiel, Schutzgelderpressung - als auch legale Geschäfte. Zwillman besaß legale Restaurants, Hotels und Nachtclubs, die jedes Jahr Millionen von Dollar einbrachten, und er nutzte seine Macht und seinen Einfluss, um sich mit Entertainern, Politikern und Gewerkschaften anzufreunden oder sie zu kontrollieren. Zwillman hatte in den frühen 1930er Jahren eine kurze Affäre mit dem Filmstar Jean Harlow und wurde kurzzeitig verdächtigt, etwas mit dem ungewöhnlichen Tod ihres Ehemanns Paul Bern zu tun zu haben. Berns Tod wurde später als Selbstmord eingestuft, obwohl einige glaubten, dass Harlow selbst ihn ermordet hatte. Berichten zufolge lieh Zwillman auch Harry Cohn das Geld für die Gründung von Columbia Pictures und zahlte ihm 500.000 Dollar, damit er Harlow in seinen Filmen besetzte.

Während dieser Jahre behielt Zwillman seine Wurzeln in New Jerseys Third Ward bei und führte seine Geschäfte vom Riviera Hotel aus.

Obwohl Zwillmans Geschäfte größtenteils legitim waren, blieben seine Verbindungen zur Unterwelt Anfang der 1950er Jahre eng und oft konfliktreich. 1957 geriet er mit Vito Genovese, dem mächtigen Mafiaboss aus New York, aneinander, als er Genoveses Bemühungen, den Rivalen Frank Costello als Oberhaupt der mächtigen Luciano-Familie zu verdrängen, nicht unterstützte. Stattdessen unterstützte Zwillman Albert Anastasia, den Genovese daraufhin töten ließ. Da mehrere seiner Verbündeten tot waren und zwei weitere - Meyer Lansky und Moe Dalitz - sich auf ihre Geschäfte in Kuba und Las Vegas konzentrierten, war Zwillman, der einst unangefochtene Verbrecherboss aus New Jersey, Genovese gegenüber verwundbar. Nun, da er älter und allein war, begannen Genovese und andere, Zwillmans Gebiet ins Visier zu nehmen. Erschwerend kam hinzu, dass Zwillman von der Steuerbehörde wegen Steuerhinterziehung verfolgt wurde und Anfang 1959 eine Vorladung erhielt, um vor dem Ausschuss von Senator John McClellan auszusagen, der die Unterwanderung der US-Gewerkschaften durch das organisierte Verbrechen untersuchte. Wie in den Medien berichtet wurde, freuten sich das Ausschussmitglied John F. Kennedy (noch nicht Präsident) und Kennedys Bruder Robert, der damals Chef des Generalrats im Weißen Haus war, darauf, ihn vor der Öffentlichkeit zu befragen. Sie bekamen nie die Gelegenheit dazu.

Die Untersuchung des Todes von Abner Zwillman war nicht eindeutig, aber die Berichte über Selbstmord waren wahrscheinlich nur ein Vorwand für die wahre Todesart. Die Ligaturspuren an seinen Hand- und Fußgelenken waren Teil der Ungereimtheiten, und es schien

den meisten, dass sein Tod eher ein Auftrags-
mord war. Zwillman gab zu, dass er nicht wegen Steuerhinterziehung ins Gefängnis gehen
wollte. Er wollte auch nicht vor dem Senat aussagen, und frühere Verbündete befürchteten,
dass er zum Informanten werden würde, um
dem Gefängnis zu entgehen.
Sowohl Verbündete als auch Feinde
beharrten darauf, dass sie keine Rolle bei Zwillmans Tod spielten, aber Meyer Lansky erzählte
einem Biographen einige Jahre später, dass
der Mord von Genovese angeordnet wurde,
obwohl er zu dieser Zeit wegen Drogenbe-
sitzes hinter Gittern saß. Lucky Luciano gab
Carlo Gambino die Schuld für eine frühere In-
diskretion, aber fast alle waren sich einig, dass
Zwillman nicht ohne die Zustimmung von Lansky und eine Abstimmung der obersten Ver-
brecherbosse hingerichtet worden wäre.
Obwohl die Berichte variieren und der Ur-
sprung des Befehls nie bestätigt wurde, glauben sowohl die Strafverfolgungsbehörden als
auch die Unterwelt der Ostküste, dass Zwillman
hingerichtet wurde. Die Geschichte besagt,
dass ihm im Voraus mitgeteilt wurde, dass er

sterben müsse. Als Zwillman sich wehrte, wurde er mit teurem Branntwein betäubt, um den Schmerz zu lindern, an Händen und Knöcheln gefesselt und an den Wasserrohren in seiner Luxusvilla aufgehängt. Es war eine Geste des Respekts.

An der Beerdigung von Abner Longie Zwillman nahmen sieben Limousinen mit Chauffeur, 27 Privatwagen und fast 2.000 Teilnehmer teil. Wie in den Medien berichtet wurde, war es die größte Veranstaltung dieser Art in der Geschichte von New Jerseys Third Ward.

ARLIS PERRY

Die Memorial Church befindet sich am
Westeingang der Stanford University in Palo
Alto, Kalifornien. Die 112 Jahre alte, nicht kon-
fessionelle Kirche, die von Studenten und Doz-
enten MemChu genannt wird, ist klein, aber
wunderschön mit Buntglasfenstern, kompliz-
ierten Deckenplatten und Wandmalereien
ausgestattet. Im Laufe ihrer langen Geschichte
war die Kirche Schauplatz zahlloser religiöser
Zeremonien, zweier verheerender Erdbeben
(1906 und 1989) und eines der berühmtesten,
frustrierendsten und aufsehenerregendsten
Verbrechen, das das Santa Clara County Sheriff's Department je untersucht hat. Vierzig
Jahre nachdem Arlis Kay Dykema Perry aus

Bismark, North Dakota, in der Nähe des ver-
zierten Altars der Kirche ermordet wurde, ist
das Verbrechen immer noch nicht aufgeklärt.

Gegen 23.30 Uhr am Abend des 12. Ok-
tober 1974 gingen die frisch verheirateten
Bruce und Arlis Perry über das Gelände der
Stanford University, um einige Briefe in den
Briefkasten auf dem Campus einzuwerfen. Sie
waren beide 19 Jahre alt.

Auf dem Weg dorthin stritten sich die beiden über einen undichten Reifen an ihrem Auto
und darüber, wer ihn reparieren lassen sollte.
Etwas genervt voneinander beschloss Arlis, an
der Memorial Church anzuhalten und ihren
Mann allein zu ihrer Wohnung in Quillen Hall
fahren zu lassen. Bruce, der in Stanford Medizin
studiert, erzählte der Polizei später, dass er es
sich zweimal überlegt hatte, sie ohne ihn gehen
zu lassen, aber dass es nicht ungewöhnlich war,
dass sie zu ungeraden Zeiten in der kleinen
Kirche Gottesdienst feierten. Die beiden trennten sich etwa eine halbe Meile von ihrer Wohnung entfernt: Es war 23:40 Uhr.

Ungefähr 10 Minuten später betrat Arlis die
Kirche, ging in die erste Reihe links und kniete

nieder, um zu beten. Kurz vor Mitternacht -
dem Zeitpunkt, an dem die Kirchentüren für
den Tag verschlossen wurden - waren nur noch
zwei weitere Personen in der Kirche; beide
erinnerten sich daran, die junge Frau in der
braunen Jacke und den blauen Jeans gesehen
zu haben, und beide verließen die Kirche um
Mitternacht und erinnerten sich daran, dass
Arlis noch im Gebet war.

Kurz nachdem Arlis in der Kirche allein gelassen worden war, bemerkte ein Passant, dass
jemand die Kirche betrat. Der Augenzeuge
beschrieb die Person als einen jungen Mann, vielleicht 23-25 Jahre alt, der ein blaues kurzärmeliges Hemd und keine Armbanduhr trug.
Der Mann war etwa 1,70 m groß, mittelgroß
und hatte sandfarbenes Haar mit einem Schei-
tel auf der linken Seite.

Um 12:10 Uhr betrat der Sicherheitsbeamte
Steve Crawford die Kirche, um sich zu
vergewissern, dass sie leer war, und rief aus,
dass die Kirche für die Nacht geschlossen
wurde. Crawford hörte und sah niemanden,
aber er ging auch nicht am Foyer vorbei. Nachdem er sich vergewissert hatte, dass die

Kirche leer war, verließ er sie durch die Vorder-
türen und schloss sie für die Nacht ab. Crawford sagte den Behörden später, dass er gegen
2 Uhr morgens zur Kirche zurückkehrte, um
sich zu vergewissern, dass alle Türen
verschlossen waren, aber er sah und hörte
nichts.

Gegen Mitternacht machte sich Bruce Perry
zunehmend Sorgen, dass seine Frau nicht zu
Hause war. Er verließ die Wohnung und ging in
Richtung Kirche, um sie zu suchen. Als er die
Türen der Kirche verschlossen vorfand, wan-
derte Bruce auf der Suche nach ihr über das
Gelände, aber sie war nirgends zu finden. In
der Hoffnung, dass sie einen anderen Weg genommen hatten und sie bereits sicher zu Hause
war, kehrte Bruce in die Wohnung zurück. Sie
war leer.

Aus den Polizeiunterlagen geht hervor, dass
Bruce Perry um 3 Uhr morgens den Sicher-
heitsdienst anrief und seine Frau als vermisst
meldete. Er vermutete, dass Arlis vielleicht in
einer der Kirchenbänke eingeschlafen und in
der Kirche eingeschlossen war. Ein weiterer
Besuch des Sicherheitsdienstes ergab, dass

nichts Ungewöhnliches gesehen oder gehört
wurde und bestätigte Crawfords Bericht von 2
Uhr morgens, dass alle Türen verschlossen
waren.

Als Crawford um 5:30 Uhr zur Kirche zurückkehrte, fand er die Tür auf der rechten Seite
der Kirche aufgebrochen. - Nicht von außen,
sondern von innen - als ob jemand eingeschlossen worden wäre. Zunächst konnte Crawford nichts feststellen, doch nach wenigen
Minuten der Suche in und um die Kirchenbänke
herum entdeckte er die Leiche von Arlis Perry,
die sorgfältig auf dem Boden des linken
(östlichen) Querschiffs aufgebahrt war.

Unter der Annahme, dass die Berichte der
Sicherheitspolizei zutreffen, wonach alle Türen
um 12:10 Uhr, 2 Uhr und 3 Uhr verschlossen
waren, und ausgehend von dem vom
Gerichtsmediziner festgesetzten Todeszeitpunkt - etwa um Mitternacht - befand sich der
Mörder von Arlis Perry noch in der Kirche, als
Bruce um 12:15 Uhr die Eingangstür überprüfte
und die Sicherheitskontrollen durchgeführt
wurden. In Anbetracht dieser Annahmen wäre
der Mörder erst zwischen 3 Uhr und 5.30 Uhr,

als die Leiche gefunden wurde, durch die rechte Kirchentür hinausgetreten. Selbst angesichts der Einzelheiten des Verbrechens und der Zeit, die der Angreifer zur Vorbereitung der Leiche benötigt haben könnte, ist es unwahrscheinlich, dass der Mörder länger als drei Stunden am Tatort geblieben wäre. Es gibt jedoch keine Beweise, die das Gegenteil bestätigen.

Arlis Perry wurde in der Nähe der Stelle gefunden, an der sie zuletzt beim Beten gesehen wurde, und lag auf dem Rücken unter der letzten Kirchenbank des östlichen Querschiffs. Die junge Frau war schwer geschlagen und erwürgt worden. Ihr Körper war von der Taille abwärts nackt und ihre Beine waren gespreizt; ihr Kopf war zum Hauptaltar gerichtet. Die blaue Jeans, die sie trug, war in Form des Buchstabens V über ihre Beine gelegt. Auf den gespreizten Beinen bildete die Jeans ein rituelles Muster, das einem Diamanten ähnelte. Ihre Bluse und ihre braune Jacke waren aufgerissen und eine 24 Zoll lange Altarkerze war zwischen ihren Brüsten platziert. Eine ähnliche Altarkerze wurde mit solcher Wucht in ihre Vagina gestoßen, dass sie in zwei Teile zerbrach; die Gerichtsmedizin stellte später fest, dass sie einen deutlichen Handabdruck trug. Arlis war nicht vergewaltigt worden, aber es wurden Spermaflecken auf einem in der Nähe knienden Kissen gefunden.

Die tatsächliche Todesursache von Arlis Perry, obwohl grotesk in Methode und Darstellung, war eine Eispickelwunde am Kopf. Die 5 ½-Zoll-Waffe war ihr hinter dem linken Ohr brutal in den Schädel gestoßen worden, und ihr Metallteil wurde bei der Autopsie entdeckt; das Vorhandensein bzw. Fehlen des Griffs der Waffe am Tatort ist unklar. Da ein Eispickel nicht zu den typischen Gegenständen gehört, die in einer Kirche gefunden werden, schlossen die Behörden auf einen vorsätzlichen Mord. Wie später von Kirchenvertretern und Tatortermittlern beschrieben, war der Mord an Arlis Perry wirklich ein Anblick aus der Hölle.

Zwei persönliche Gegenstände wurden vom Tatort entfernt, entweder als Souvenirs oder als Beweis für den Mord. Bei dem einen Gegenstand handelte es sich um die Brille von Arlis, aber die Art des zweiten Gegenstandes wurde nie veröffentlicht. Zwei Wochen nach ihrer Beerdigung in Bismark wurde das provisorische Kreuz, das ihr Grab markiert, gestohlen.

Arlis und Bruce Perry waren erst vor kurzem von Bismark, North Dakota, in die Gegend von Palo Alto gezogen. Bruce war als Student seit etwa einem Jahr in Stanford; Arlis kam weniger als sechs Wochen vor ihrem Tod zu ihm. Als Neuankömmlinge hatten sie nur wenige Freunde und Bekannte in Kalifornien.

Der einzige ungewöhnliche Umstand, der mit dem Paar in Verbindung gebracht wurde, war das Vorhandensein eines zweiten Bruce Duncan Perry, der bereits bei der Telefongesellschaft in Stanford eingetragen war, als Arlis und Bruce ihr Konto einrichteten. Als die Behörden diesen merkwürdigen Umstand während der Ermittlungen überprüften, fanden sie keine Spur von ihm.

Vier Wochen nachdem sie ihrem Mann in Stanford gefolgt war, wurde Arlis als Empfangsdame in einer Anwaltskanzlei in Palo Alto eingestellt. Am Tag vor ihrer Ermordung wurde Arlis gegen Mittag an ihrem neuen Arbeitsplatz von einem Mann aufgesucht, den die

Mitarbeiter zunächst für ihren Ehemann Bruce hielten. Der Mann wurde als mittelgroß, etwa 1,70 m groß und in den 20er Jahren beschrieben. Er trug Jeans und ein kariertes Hemd und hatte lockiges, blondes Haar. Das Gespräch zwischen Arlis und ihrem Besucher dauerte etwa 15 Minuten und wirkte auf diejenigen, die es beobachteten, sehr intensiv. Am Ende des Gesprächs kehrte Arlis an ihren Schreibtisch zurück und sagte niemandem in der Firma etwas über den Mann. Diejenigen, die annahmen, der Mann sei ihr Ehemann, waren später überrascht zu erfahren, dass es sich nicht um Bruce handelte. Bruce sagte der Polizei, dass er Arlis nie bei der Arbeit besucht habe und dass er niemanden kenne, auf den die Beschreibung des dort gesehenen Mannes passe. Die Beschreibung des Besuchers am Arbeitsplatz passte auf den Mann, der die Kirche kurz vor Arlis' Tod betrat.

Aufgrund der ungewöhnlichen Positionierung von Arlis' Leiche neben einem Kirchenaltar gab es hartnäckige Theorien, dass das Verbrechen symbolische Merkmale des Okkulten aufwies. Die Behörden haben sich dieser

Theorie gegenüber äußerlich zurückhaltend gezeigt, aber es ist auch möglich, dass sie dem Verbrechen absichtlich keine okkulten Untertöne zuschreiben wollten. Wie auch immer, mögliche Verbindungen zu satanischen Kulten bestehen bis zum heutigen Tag.

In den 18 Monaten zwischen Februar 1973 und der Ermordung von Arlis im Oktober 1974 gab es vier rätselhafte Morde an Studenten der Stanford University. Einschließlich Arlis waren es drei Frauen - alle erwürgt, aber keine vergewaltigt - und ein Mann, auf den 15 Mal eingestochen wurde. Bei keinem der Opfer gab es Anzeichen eines Kampfes - als ob sie plötzlich überrascht worden wären - und Raub war kein Motiv. In einem Fall vermutete der Bürgermeister von San Francisco, dass die Tat von den Death Angels begangen wurde, einer Sekte von vier Afroamerikanern, die zwischen 1973 und 1974 14 Menschen töteten und acht verwundeten, die meisten davon Weiße. Die Mitglieder der Death Angels-Sekte wurden 1975 verhaftet und zu lebenslanger Haft verurteilt; die vier Morde von Stanford sind nach wie vor ungeklärt.

Aufgrund des Tatorts und der rituellen Zur-
schaustellung der Leiche ging die Polizei davon
aus, dass es sich um das Werk eines Sexualpsychopathen handelte. In den letzten vier Jahrzehnten wurden andere Theorien entwickelt,
aber die Annahme eines Psychopathen bleibt
bestehen. FBI-Profiler beschrieben den Mörder
als zwischen 17 und 22 Jahre alt, wahrscheinlich
ein Einzelgänger und jemand, der wahrscheinlich ein Souvenir vom Tatort mitnehmen würde.

Der erste Verdächtige war Arlis' Ehemann
Bruce. Als die Beamten des Sheriffs von Santa
Clara County in ihrer Wohnung eintrafen, um
ihn über ihren Tod zu informieren, waren sie
schockiert, Bruce blutüberströmt vorzufinden.
Nach einigen Erklärungen (Nasenbluten), einem
Bluttest (Bruce' Blutgruppe, nicht die von Arlis)
und einem Lügendetektortest, um die Echtheit
seines Alibis zu überprüfen, wurde festgestellt,
dass Bruce nicht mehr verdächtig war. Sein
Handabdruck stimmte nicht mit dem auf der
Altarkerze gefundenen überein, und spätere
DNA-Tests ergaben, dass sein Profil nicht
übereinstimmte.

Da er die Leiche fand, war der zweite Verdächtige der Sicherheitsbeamte Steve Crawford. Crawford wurde entlastet, als sein Alibi bestätigt wurde und es keine Übereinstimmung mit dem Handabdruck gab. Ein DNA-Test bestätigte später seine Unschuld.

Augenzeugen gaben Beschreibungen von sieben Personen ab, die die Stanford Church in den späten Abendstunden des Mordes aufsuchten. Im Laufe der Ermittlungen wurden sechs von ihnen identifiziert und von dem Verbrechen freigesprochen. Bei der siebten Person und dem dritten Verdächtigen - dem so genannten Sexualpsychopathen - handelte es sich um den sandfarbenen Mann, der kurz vor Arlis' Ermordung die Kirche betrat, und wahrscheinlich um denselben Mann, der am Tag zuvor ihren Arbeitsplatz aufgesucht hatte. Dieser Verdächtige wurde nie identifiziert oder ausfindig gemacht. Aus unbekannten Gründen hat die Polizei weder in Kalifornien noch in North Dakota ein Phantombild dieses Verdächtigen in Umlauf gebracht.

David Berkowitz, der berüchtigte Sektenmörder Son of Sam, deutete an, dass er den Mörder von Arlis kannte, machte aber nie konkrete Angaben. Detektive aus Santa Clara befragten Berkowitz im Attica State Prison in New York, hatten aber den Eindruck, dass er nicht ganz ehrlich war. Der einzige Hinweis auf die Wahrheit im Zusammenhang mit Berkowitz war eine handschriftliche Notiz in einem Buch über Hexerei, das er einst besaß. Das Buch enthielt ein ausführliches Kapitel über die Process Church of the Final Judgment, eine landesweite Sekte, die sich der Gewalt und dem Chaos verschrieben hat, um eine Welt satanischer Herrlichkeit zu schaffen. Zu den berüchtigten Mitgliedern dieser Sekte gehörten nicht nur Berkowitz, sondern auch Charles Manson und William Mentzer (der verurteilte Mörder des Hollywood-Produzenten Roy Radin).

Am Rande des Buches schrieb Berkowitz, dass Arlis Perry gejagt, verfolgt und erschlagen wurde und nach Kalifornien an die Stanford University verfolgt wurde. Dies war vielleicht eine Anspielung darauf, dass sie ermordet wurde, weil sie mit einem Freund eine satanische Sekte in der Gegend von Bismark besucht hatte, in der Hoffnung, sie zum Christentum zu bekehren. Freunde und Verwandte in Bismark erinnerten sich zwar an Arlis' enthusiastische Versuche, andere zu bekehren, aber niemand wusste Genaueres über den Besuch der Sekte oder wer die zweite Frau sein könnte.

Der Enthüllungsjournalist und Autor des Buches Das ultimative Böse, Maury Terry, und der College-Professor Jon Martinson aus Bismark glauben, dass der satanische Kult in North Dakota, den Arlis besuchte - und bei dem sie vielleicht etwas sah oder hörte, was sie nicht hätte sehen sollen -, mit der Prozesskirche des Jüngsten Gerichts in Verbindung steht und direkt für ihren Tod verantwortlich ist. Sie glauben auch, dass der mysteriöse sandfarbene Mann ihr als Todesbote von Bismark nach Stanford gefolgt ist.

Hunderte von Personen wurden seit dem Perry-Verbrechen befragt, und Dutzende wurden entweder durch den Handabdruck, nachweisbare Alibis, DNA-Tests oder Lügendetektortests entlastet. Zu den entlasteten Verdächtigen gehörte der bekannte Mörder Ted Bundy, der in einem seiner

Geständnisse einen Mord in Kalifornien
erwähnte. Die Polizei von Seattle, Washington,
legte Beweise dafür vor, dass Bundy zum Zeitpunkt des Mordes an Arlis entweder in Seattle
oder in Utah in Haft war.

DNA-Proben und der Handflächenabdruck
wurden in verschiedene bundes- und landesweite Datenbanken eingegeben, aber es gab
keine Übereinstimmungen mit den Proben vom
Tatort in Perry.

Im Jahr 2004 sammelten Beamte des Bezirks
Santa Clara Zigarettenkippen von einer Person,
die sich weigerte, eine DNA-Probe abzugeben,
aber die Analyse war nicht schlüssig.

Im März 2014 gab es noch keine eindeuti-
gen Verdächtigen. Der Fall bleibt offen, aber
inaktiv.

BETSY ARDSMA

In einem dunklen Gang der Pattee-Bibliothek der Pennsylvania State University lag eine hübsche, junge Studentin im Sterben. Niemand sah das Verbrechen, und das rote Pulloverkleid, das sie trug, verdeckte das Blut aus der Stichwunde in ihrem Herzen. Die Ersthelfer glaubten, die 22-jährige Studentin sei ohnmächtig geworden oder habe einen Anfall erlitten, und das Bibliothekspersonal dachte wenig an den unbekannten Mann, der zügig aus der Gegend lief und bemerkte, dass eine

Frau in den mittleren Regalen Hilfe benötigte.
Es war der 28. November 1969. Fünfundvierzig
Jahre später ist das brutale Verbrechen immer
noch nicht aufgeklärt.

Betsy Ruth Aardsma verbrachte den Thanksgiving Day 1969 mit ihrem Verlobten David
Wright, einem Medizinstudenten am Pennsylvania State College of Medicine in Hershey, Pennsylvania. Am nächsten Tag kehrte Aardsma zum
Unterricht an ihrer Universität - Penn State in
College Park - zurück, um an einer Forschung-
sarbeit für ihren Englischkurs 501 zu arbeiten.

Laut Polizeiberichten und Augenzeugenberichten verließen Aardsma und ihre Mitbewohnerin ihr Wohnheim - Frances Atherton Hall -
und machten sich zu Fuß auf den 9-minütigen
Weg zur Pattee-Bibliothek, wo sie kurz vor 16
Uhr ankamen. Die beiden trennten sich in der
Bibliothek und versprachen, sich später zum
Abendessen zu treffen. Aardsmas erste Station
war ein kurzer Besuch bei Harrison Meserole,
einem ihrer Englischprofessoren, dessen Büro
sich im Keller der Bibliothek befand. Von dort
aus legte sie ihren Mantel an einem
Schreibtisch im dritten Stock ab und machte

dann einen kurzen Abstecher zum Zettelkata-
log im Hauptgeschoss. Gegen 16.30 Uhr stieg
Aardsma die schmalen Stufen zu einem fenster-
losen, schwach beleuchteten Bereich der Bibliothek hinunter, der als Hauptstapel der Ebene
2 bekannt ist. Das Bibliothekspersonal erinnerte sich, Aardsma gesehen zu haben, wie er
die Bücher zwischen den Reihen 50 und 51
durchsuchte.

Kurz darauf hörte die Penn State-Studentin
Marilee Erdely, die an einem Schreibtisch in der
Nähe lernte, etwas, das sich anhörte, als
würden Bücher zu Boden fallen. Fast unmittelbar danach kam ein Mann (oder vielleicht zwei
Männer, je nach Darstellung) aus den Bücherre-
galen, in denen Aardsma gestöbert hatte. Der
Mann führte Erdely zu den Reihen 50-51 und
sagte, dass ein Mädchen Hilfe benötige und
dass er Hilfe holen würde. Der Mann kehrte
nicht zurück und eine Person, auf die seine
Beschreibung passte, wurde gesehen, wie sie
aus der Bibliothek rannte. Erdely fand die
regungslose Aardsma auf dem Boden,
umgeben von Büchern, aber da er kein Blut

sah, dachte er, sie sei in Ohnmacht gefallen.
Erdelys Hilferufe verhallten mehrere Minuten
lang ungehört. Als die Rettungskräfte des Campus Health Center kurz nach 17 Uhr eintrafen,
glaubte einer der Sanitäter, einen Puls zu fühlen, und Aardsma wurde schnell zur Behandlung ins Ritenour Health Center gebracht. Im
Gesundheitszentrum wurde Aardsma von Dr.
Elmer Reed untersucht und um 17.20 Uhr für
tot erklärt, obwohl er die Todesursache noch
nicht festgestellt hatte.

Da die Polizei der Penn State University
hauptsächlich aus Studenten bestand, wurden
schwere Verbrechen, die sich auf dem Campus
ereigneten, von der Pennsylvania State Police
untersucht, die Dr. Reed gegen 18 Uhr benachrichtigte. Als State Police Trooper Mike Simmers eintraf, zog Dr. Reed Aardsmas rotes
Kleid aus, entdeckte eine Stichwunde und
überführte ihre Leiche anschließend zur Autopsie ins Centre Community Hospital in Bellefonte. Simmers nahm die Kleidung als
Beweismittel mit und stellte zusammen mit Dr.
Reed vorläufig fest, dass die Todesursache
Mord war.

Die Autopsie im Centre Community Hospital wurde von dem Pathologen Thomas Magnani durchgeführt. In seinem Bericht beschrieb Dr. Magnani eine einzelne, tropfenförmige Einstichwunde in der Mitte von Aardsmas Brust, die die Lungenarterie durchtrennte, das Herz durchbohrte und das Gewebe dahinter einschnitt. Obwohl die Mordwaffe nie gefunden wurde, beschrieb Dr. Magnani sie als eine einschneidige, vier Zoll lange Klinge, ähnlich einem robusten Jagdmesser. Der Pathologe stellte ferner fest, dass die Blutergüsse um die Einstichstelle und die Durchdringung des Brustbeins darauf hinwiesen, dass die Verletzung erhebliche Kraft erfordert hätte und dass die Wunde schnelle und starke innere Blutungen verursachte. Betsy Ruth Aardsma wies keine Verteidigungswunden oder Anzeichen eines Kampfes auf und kannte ihren Mörder wahrscheinlich; sie hätte weniger als 5 Minuten nach dem Angriff überlebt.

Innerhalb weniger Tage richtete die Staatspolizei eine Kommandozentrale auf dem Campus ein und setzte etwa 20 Polizisten zur Untersuchung des Mordes ein. Die Polizei befragte Hunderte von Studenten und Fakultätsmitgliedern in College Park, von denen sich einige zum Zeitpunkt des Verbrechens in der Bibliothek aufhielten. Die Hinweise waren wenig hilfreich. Ein Mann, der als Anfang 20 beschrieben wurde, blondes Haar hatte und eine khakifarbene Hose, ein kariertes Hemd und Tennisschuhe trug, wurde unmittelbar nach dem Verbrechen aus der Bibliothek laufen gesehen, konnte aber nie identifiziert werden, und Phantombilder waren zu allgemein, um nützlich zu sein. Die Universität setzte eine Belohnung von 25.000 Dollar aus, aber es meldete sich niemand.

In den 45 Jahren, die seit dem Mord an Betsy Aardsma vergangen sind, sind die offiziellen Akten der Staatspolizei auf mehr als 2.000 Seiten angewachsen; da der Fall jedoch noch offen und aktiv ist, sind die Akten für die Öffentlichkeit versiegelt. Es halten sich hartnäckig Gerüchte, dass die State Police von Beginn der Ermittlungen an einen Hauptverdächtigen hatte, aber nicht genügend Beweise für eine Verhaftung vorlegen konnte. Darüber hinaus hat die Penn State-Zeitung The

Daily Collegian zahlreiche Artikel zu dem Fall aus ihrem öffentlichen Archiv entfernt.

Aufgrund des Winkels der Wunde und der Kraft, die erforderlich war, um die einzige tödliche Verletzung zuzufügen, glauben die Staatspolizei und alle anderen, die dieses Verbrechen untersucht haben, dass der Täter männlich war.

Zum Zeitpunkt des Mordes befanden sich zahlreiche Studenten in der Bibliothek, die auf dem Stundenplan der Englischklasse 501 standen. Professor Meserole und Professor Nicholas Joukovsky, die die Klasse gemeinsam unterrichteten, verlängerten am Tag des Mordes an Aardsma ihre Sprechzeiten, um den Studenten die Möglichkeit zu geben, ihre Forschungsarbeiten zu besprechen. Einem Interview mit Joukovsky aus dem Jahr 2008 zufolge befanden sich die für die Recherche in English 501 benötigten Materialien in den Kernbeständen der Ebene 2. Es waren mindestens 40 Studenten für den Kurs angemeldet, und der Name des Mörders könnte unter ihnen sein.

Robert Durgy war Assistenzprofessor für Englisch und lehrte an der University of

Michigan in Ann Arbor, wo sich zwischen 1967
und 1969 eine Reihe von Morden ereignete
und wo Betsy Aardsma ihr Grundstudium ab-
solvierte. Durgy wechselte an die Penn State
College Park, und zwar genau zu dem Zeitpunkt, als Aardsma im September 1969 ihren
Unterricht begann. Befragungen des Personals
der Penn State ergaben, dass Durgy unter un-
gewöhnlichem Stress zu stehen schien und die
Penn State um Thanksgiving herum abrupt verließ. Ungefähr 2 Wochen später starb Durgy
bei einem ungeklärten Autounfall. Obwohl die
Umstände, die Durgy umgaben, sowohl für die
Serienmorde in Michigan in den späten 1960er
Jahren (von denen einige ungelöst blieben) als
auch für den Tod von Aardsma verdächtig
waren, bestätigten mehrere Quellen, dass er
sich zum Zeitpunkt ihres Todes in Michigan
aufhielt.

Angesichts der Präzision der einzelnen
Wunde konzentrierten sich die Morder-
mittlungen zunächst auf den Verlobten von
Aardsma, den Medizinstudenten David Wright.
Wrights Alibi war, dass er mit Kommilitonen
grobe Anatomie studierte. Die Polizei des

Bundesstaates Pennsylvania befragte Wright
wiederholt, doch mehrere Kommilitonen
bestätigten sein Alibi, so dass er schließlich von
der Liste der möglichen Verdächtigen
gestrichen wurde.

Ein zweiter Freund - Richard (Rick) Haefner -
war Doktorand der Geologie an der Penn
State, College Park. Obwohl er offiziell nicht als
Verdächtiger gilt, war er Gegenstand des Inter-
esses im Mordfall Aardsma. Die beiden gingen
im Herbst 1969 kurz miteinander aus und
trennten sich kurz vor Thanksgiving. Haefner
war dafür bekannt, dass er fast ausschließlich
karierte Hemden und khakifarbene Hosen trug
und sowohl vor als auch nach Aardsmas Tod
ein merkwürdiges Verhalten an den Tag legte.
Zwischen den 1970er und den späten 1990er
Jahren war Haefner in Fälle von Gewalt gegen
Frauen, schwerer Körperverletzung, sexuellem
Missbrauch und Pädophilie verwickelt oder
wurde dafür verhaftet und war jähzornig. Ein
Nachbar aus Lancaster, Pennsylvania, beschrieb
ihn als brillant, aber schrecklich. In der Nacht,
in der Aardsma ermordet wurde, erschien
Haefner im Haus eines Professors der Penn

State University und behauptete, er habe in der
Zeitung über den Mord an Aardsma gelesen,
aber dieses Gespräch fand statt, bevor ihr
Name oder die Einzelheiten des Verbrechens
veröffentlicht wurden.

Mitte der 1970er Jahre wurde Haefner auch
dabei belauscht, wie er gestand, was er dem
Mädchen an der Penn State angetan hatte,
aber es wurde kein Name genannt und die Information wurde damals nicht der Polizei gemeldet. Haefner starb 2002, und es gab nie
irgendwelche Beweise, die ihn mit dem Verbrechen in Verbindung brachten.

Schon vor dem Mord an Aardsma gab es auf
dem Campus der Penn State University zahlreiche und anhaltende Berichte über schänd-
liche Aktivitäten. Über die Thanksgiving-
Feiertage wurden Spanner und Exhibitionisten
in und um die Pattee-Bibliothek gemeldet,
woraufhin die Campus-Polizei ihre Präsenz
verstärkte. Der Bereich der zentralen Regale
der Ebene 2 wurde häufig als unheimlich
beschrieben, und es gab Beweise für sexuelle
Rendezvous - einige davon gleichgeschlechtlich
-, pornografisches Material und

Drogengeschäfte im Bereich der Reihen 50 und 51. Einige Theoretiker glauben, dass Aardsma diese Aktivitäten unerwartet unterbrochen haben könnte und getötet wurde, um sich ihr Schweigen zu sichern. In Anbetracht seiner Beziehung zu Aardsma, seiner späteren kriminellen Vergangenheit und seines ungewöhnlichen Verhaltens nach dem Mord war es vielleicht Richard Haefner.

Zu den verschiedenen Geständnissen und Berichten, für die es keine weiteren Erklärungen oder Informationen gibt, gehören ein Angestellter der Universität, der damit prahlte, Aardsma auf einer Party auf dem Campus getötet zu haben, und ein Kunststudent, der am Tag nach dem Mord bemerkte, dass es einfach wäre, jemanden zu töten und damit davonzukommen. Ein kleiner Junge entdeckte 1970 ein Messer im Gebüsch vor der Penn State Recreation Hall, und die Polizei fand eine Blutspur von Aardsma in einem Treppenhaus, das von den Sanitätern nicht benutzt wurde, als sie Aardsmas Leiche abtransportierten. Die Kleidungsstücke, die Trooper Simmers am Tag des Verbrechens einsammelte, wurden irgendwann im Jahr 2009 dem Kriminallabor der Staatspolizei vorgelegt, um sie auf Blut- und Haarspuren zu untersuchen, aber die Ergebnisse der Tests sind unbekannt.

Es gibt Dutzende von Artikeln über den Mord an Betsy Ruth Aardsma, vor allem die von Sascha Skucek und Derek Sherwood. Diese beiden engagierten Forscher unterhalten auch eine dem Verbrechen gewidmete Website. Der Filmemacher Tommy Davis, ein Student der Penn State University, produzierte einen unabhängigen Film über den Mord, der im Februar 2014 im State Theater gezeigt werden sollte, aber auf später im Jahr verschoben wurde.

KARL NICOLETTI

Im Alter von 12 Jahren erschoss Charles Nicoletti seinen Vater in dessen Haus in Chicago, Illinois. Das war das erste Mal, dass Nicoletti jemanden tötete, aber nicht das letzte Mal. Als Mitglied einer Chicagoer Bande und später des berüchtigten Chicago Outfit wird Nicoletti für bis zu 20 Mafiamorde verantwortlich gemacht, aber diese Zahl ist nur eine Schätzung. Er wurde auch direkt mit der Ermordung von Präsident John F. Kennedy in Verbindung gebracht. Die Ironie besteht darin, dass der letzte der mit Charles Nicoletti in Verbindung gebrachten Mafiamorde sein eigener war.

Philip und Grace Nicoletti wanderten 1907
aus Sizilien in die Vereinigten Staaten ein und
ließen sich in Cook County, Illinois, nieder. Sie
hatten zwei Söhne, Philip und Charles, die
beide in Chicago geboren wurden. Der ältere
Philip Nicoletti wurde in den US-Volkszählung-
saufzeichnungen als Fuhrmann geführt, aber er
war - was noch wichtiger war - ein gemeiner
Säufer.

Aus Angst vor weiteren Schlägen seines mis-
shandelnden Vaters nahm der jüngste Nicoletti-
Sohn, Charles, am 25. Februar 1929 um 19.30
Uhr eine Pistole aus der Schublade einer
Schlafzimmerkommode und erschoss seinen
39-jährigen Vater. Charles war 12 Jahre alt.

Charles Nicoletti wurde nur zwei Tage
später von der Gerichtsmedizin des Cook
County vom Tod seines Vaters freigesprochen.
Der Gerichtsmediziner stellte als Todesursache
vorsätzliche Tötung fest, nachdem der Junge
von seinem betrunkenen, messerschwingenden
Vater bedroht worden war. Den Unterlagen
des Gerichtsmediziners zufolge wurde Charles
nicht nur entlastet, sondern auch für den
Schutz seiner Familie gelobt.

Im Alter von 14 Jahren verließ Charles Nicoletti die Schule und schloss sich Chicagos berüchtigter Forty-Two-Straßengang an. Die 1925 gegründete Bande wurde zu einer der berüchtigtsten in den Vereinigten Staaten. Die Bande wurde auch zu einem ständigen Lieferanten von Mitgliedern für die verschiedenen Organisationen des Erwachsenenverbrechens, einschließlich der von Bugs Moran und Al Capone geführten. Zu der Zeit, als Nicoletti den 42ers beitrat, hatte die Bande bereits eine Mitgliederliste, die bekannte Persönlichkeiten wie Sam Giancana enthielt.

Die 42ers, die sich aus Jungen und Männern zusammensetzten - einige waren gerade einmal neun Jahre alt -, waren der Polizei von Chicago rund zwei Jahrzehnte lang ein Dorn im Auge. Die größtenteils italienische Jugendbande operierte vom Patch aus (dem Stadtteil Little Italy in Chicagos West Side) und war zu so ziemlich allem bereit, um Geld zu verdienen. Sie raubten Geschäfte aus, stahlen Verkaufswagen, töteten, wenn es nötig war (auch Polizisten), entführten Menschen, um Lösegeld zu erpressen, und vergewaltigten sie regelmäßig.

Aufgrund ihres Charmes und ihres guten Rufs hatten sie auch eine große weibliche Anhängerschaft. Junge Mädchen versteckten für sie Waffen unter ihren Röcken, dienten bei ihren Eskapaden als Aufpasserinnen und waren jederzeit für Sex zu haben. Da die Bande darauf bedacht war, von Al Capones Mafia entdeckt zu werden, taten die Mitglieder alles, um in den Zeitungen erwähnt zu werden, was schließlich auch gelang.

Capone war der Meinung, dass die 42er zu rücksichtslos seien und unerwünschte Aufmerksamkeit auf seine Bande lenken könnten, und zögerte zunächst, einen von ihnen in seine Organisation aufzunehmen. Einer von Capones Leutnants - Tony Accardo - hörte jedoch, dass einer der klugen Köpfe (Anführer) der 42er, Sam Giancana, ein guter Fahrer war, und machte ihm ein Angebot. Accardo und Paul Ricca betrachteten Giancana als jemanden, den man wegwerfen konnte, der aber auch für sie töten würde, wenn es nötig wäre, und so stellten sie ihn als Chauffeur ein. Giancana wurde also das erste Mitglied der 42ers, das sich Capones Syndikat anschloss, und machte sich innerhalb kürzester Zeit einen Namen mit einer Vielzahl von Mafia-Aufgaben. Als Giancana sich bewährte, holte er auch andere 42er in die Organisation. Einer der ersten war Charles Nicoletti.

Im Laufe der Jahre waren viele Mitglieder der alten Capone-Mafia entweder verstorben oder in die Jahre gekommen, so dass Accardo und Ricca Anfang der 1950er Jahre Giancana zum operativen Leiter des Capone-Syndikats beförderten. Im Gegenzug heuerte Giancana weitere 42er an, die ihm bei seinen wachsenden Geschäften halfen, und so entstand die berüchtigte Giancana Crime Family, auch Chicago Outfit genannt.

In dieser Zeit entwickelten Nicoletti und Phillip Alderiso das Konzept des Hitmobile. Das Fahrzeug, in der Regel eine dunkle Limousine (gestohlen), war mit einzigartigen Merkmalen ausgestattet, darunter drei Schalter unter dem Armaturenbrett. Zwei der Schalter deaktivierten die Rücklichter, so dass das Auto nachts von der Polizei schwerer aufgespürt werden konnte. Der dritte Schalter öffnete versteckte Fächer mit Halterungen, an denen

verschiedene Waffen befestigt werden
konnten. Die Halterungen waren so konzipiert,
dass sie von einer Handfeuerwaffe bis hin zu
einem Maschinengewehr alles aufnehmen
konnten. Im Laufe der Zeit konfiszierte die Chicagoer Polizei mehrere Hitmobiles, aber Nicoletti und Alderiso hatten sich bereits die
Bewunderung der Organisation für ihre Kreativ-
ität verdient und produzierten sie einfach
weiter. Von ihren bescheidenen Anfängen als
rüpelhafte 42er waren sie auf dem Weg nach
oben auf der Mafia-Leiter.

Ende der 1960er Jahre war Nicoletti zu
einem der berüchtigtsten und gefährlichsten
von Giancanas Leutnants geworden, und das
FBI beobachtete ihn genau. Zu den grausam-
sten Verbrechen, die Nicoletti zugeschrieben
wurden, gehörte die Entführung, Folterung und
Ermordung des kleinen Einbrechers Billy
McCarthy. Nach einer Schlägerei in einer Bar
töteten McCarthy und sein Komplize Jimmy Miraglia zwei Mitglieder des Chicago Outfit, aber
der Name von McCarthys Komplize war nicht
bekannt. Um den Namen des Komplizen
herauszufinden, entführten Nicoletti, Alderiso

und Anthony Spilotro McCarthy und steckten seinen Kopf in einen Stahlschraubstock. Um ihn nicht zu verraten, zog Spilotro den Schraubstock immer fester an, bis eines von McCarthys Augen aus der Augenhöhle ragte. Zu diesem Zeitpunkt nannte McCarthy den Namen von Miraglia. Sowohl McCarthy als auch Miraglia wurden später mit durchschnittener Kehle im Kofferraum eines Autos gefunden.

In den 1960er und 1970er Jahren verschaffte Giancanas Organisation der Mafia unglaublichen Reichtum und Macht. Seine Aktivitäten dehnten sich auf Las Vegas, Mexiko und Kuba aus, und die Liste der Politiker und Entertainer, die Giancana als Freunde bezeichnete, war beeindruckend. Das gefiel zwar vielen, aber Insider wie Paul Ricca waren der Meinung, dass seine Aktivitäten zu viel unerwünschte Aufmerksamkeit auf sich zogen - vor allem von Regierungsbehörden wie dem IRS und der CIA -, so dass Mitte der 1970er Jahre Giancanas Rolle in der Organisation an Joey Aiuppa übergeben wurde und sein Ansehen im Chicagoer Outfit sank. Giancana stand auch auf der Liste der Zeugen, die bei den Anhörungen des House Select Committee on Assassinations zum Mord an John F. Kennedy aussagen sollten, was das Chicago Outfit extrem nervös machte.

Am 19. Juni 1975 wurde Sam Giancana in der Küche seines Hauses in Oak Park, Illinois, hingerichtet. Ihm wurde sieben Mal in den Kopf geschossen. Sein langjähriger Freund, Charles Nicoletti, war wütend.

Verschwörungstheoretiker haben lange versucht, die Ermordung von Präsident John F. Kennedy mit dem Chicagoer Verbrechersyndikat in Verbindung zu bringen. Über diese mögliche Verbindung sind Bände geschrieben worden, obwohl es, wie bei vielen anderen Theorien, keinen endgültigen Beweis gibt. Bei der Beziehung zwischen Charles Nicoletti und diesem Thema werden unter anderem die Beziehungen zwischen Nicoletti, James Earl Files, Sam Giancana, Johnny Rosselli und Lee Harvey Oswald berücksichtigt. Die verworrene Theorie stützt sich stark auf ein Geständnis von Files und ein Paket mit Informationen, das ihm Nicoletti nach dem JFK-Attentat zur Aufbewahrung gegeben haben soll. Bei der

Übergabe des Pakets soll Nicoletti Files gesagt haben, dass es ihm eines Tages das Leben retten könnte. Files besteht darauf, dass das Paket eine Karte der Route der Autokolonne von Dallas und mehrere Ausweise des Secret Service enthielt, die er schließlich vernichtete.

Obwohl es im Laufe der Jahre Ungereimtheiten in seinem Geständnis gab, erklärt Files, dass er und Charles Nicoletti die Mörder von John F. Kennedy waren; Lee Harvey Oswald half in der Woche zuvor bei der Logistik und Planung. Nicoletti und Rosselli befanden sich im Texas Book Depository und einer der beiden erschoss den Präsidenten von hinten. Files behauptet, der lange gesuchte Schütze auf dem Grashügel zu sein, der sich hinter der Umzäunung in der Nähe des Bahngeländes versteckt hatte. Er besteht darauf, dass er nur einen Schuss mit einem Remington XP-100 Fireball-Gewehr abgegeben hat und dass sein Schuss - der tödliche Schuss - zeitgleich mit einem letzten Schuss von Nicoletti fiel.

Files behauptet, dass nach der Schießerei so viel Verwirrung herrschte, dass ihm niemand

Aufmerksamkeit schenkte. Er steckte seine Waffe in ein kleines Etui, drehte seine Jacke um, um sein Erscheinungsbild zu verändern, und ging einfach weg.

Gouverneur Connolly und Jacqueline Kennedy wurden ausdrücklich als Ziele ausgeschlossen; Connollys Verletzung war ein Kollateralschaden.

James Earl Files verbüßt derzeit eine 50-jährige Haftstrafe im Statesville Correctional Center in Crest Hill, Illinois, für den versuchten Mord an zwei Polizeibeamten im Jahr 1991.

Innerhalb des Chicagoer Outfits war bekannt, dass Charles Nicoletti über die Hinrichtung seines langjährigen Freundes Sam Giancana äußerst aufgebracht war, und nachdem er (unschuldig) mit einem FBI-Agenten gesehen worden war, glaubten einige, er wolle zum Informanten werden. Andere dachten, der auf Nicoletti verübte Mord sei die Rache für einen nicht genehmigten Mord, den er in Milwaukee begangen haben soll. Wieder andere dachten, er solle davon abgehalten werden, bei den Anhörungen des Repräsentantenhauses zum Mord an JFK auszusagen. Was auch immer der Grund war, am 29. März 1977 wurde Charles Nicoletti ermordet in seinem Auto auf dem Parkplatz eines Restaurants in Chicago gefunden. Er wies drei Schusswunden im Stil einer Hinrichtung mit Kaliber .38 in den Hinterkopf auf. Nicoletti war das Opfer seines eigenen Berufs geworden.

Es wird vermutet, dass Harry Aleman, ein bekannter Attentäter des Chicago Outfit, Charles Nicoletti ermordet hat, aber das genaue Motiv ist unbekannt und sein Tod bleibt ungeklärt.

FEBRUAR 9 KILLER

Am 9. Februar 2006 und am 9. Februar 2008 beging ein unbekannter Angreifer zwei scheinbar nicht miteinander verbundene Morde. Die Morde ereigneten sich im Abstand von nur einer Meile. In der Erwartung, dass sich in den folgenden Jahren ähnliche Verbrechen am selben Tag ereignen würden, warnte die Polizei von Utah wiederholt die Öffentlichkeit und verstärkte ihre Patrouillen. An diesen Tagen wurden keine ähnlichen Verbrechen registriert - zumindest nicht im Bundesstaat Utah -, aber der Täter der beiden Morde gilt als möglicher Serienmörder, nachdem ein DNA-Test im Jahr 2009 eine Verbindung zwischen ihnen und derselben Person hergestellt hatte. Da es keine neuen Hinweise gab, erklärte die Polizei von Utah die Verbrechen im Jahr 2011 zu Cold Cases.

Gegen 11.30 Uhr am Morgen des 9. Februar 2006 wurde die 29-jährige McDonald's-Angestellte Sonia Mejia in ihrer Wohnung in Taylorsville, Utah, vergewaltigt und tödlich erwürgt. Sie war im sechsten Monat mit ihrem zweiten Sohn schwanger. Das Kind überlebte

den Angriff nicht, so dass die Tat als Doppelmord gewertet wurde. Selbst erfahrene
Polizeibeamte beschrieben das Verbrechen als
schrecklich, da das ungeborene Kind voll
entwickelt war.

Nachdem sie ihren 8-jährigen Sohn am
frühen Morgen zur Schule gebracht hatte, sahen Zeugen, wie Mejia sich mit einem jungen
Hispanoamerikaner stritt, der eine Tüte Chee-
tos und eine Flasche Coca Cola trug. Der Mann
schlug ihr am Vordereingang der Wohnung ins
Gesicht und drang dann ein, als sie versuchte,
die Tür zu schließen. Niemand meldete den Angriff bei der Polizei.

Als Mejias Ehemann um 18 Uhr von der Arbeit zurückkehrte, fand er seine Frau geschlagen und ohne Atmung auf dem Bett vor und
rief die Polizei von Taylorsville. Mejia war mit
einem dunkelblauen Halstuch geknebelt und
hatte einen Draht um den Hals; sie wurde noch
am Tatort für tot erklärt. Die Autoschlüssel und
der 1998er Ford Escort der jungen Mutter
waren verschwunden, ebenso wie der
Schmuck, den sie früher am Tag getragen
hatte. Bei den Schmuckstücken handelte es

sich um einen herzförmigen Rubinring, einen Diamantring und eine goldene Halskette mit einem Medaillon der Muttergottes von Guadeloupe. Die Polizei fand das Auto vier Tage später auf einem Motelparkplatz in Murray, Utah, etwa 12 Blocks vom Tatort entfernt, aber es gab keine Fingerabdrücke oder andere gerichtsmedizinische Beweise. Der Schmuck wurde nie wiedergefunden, und keiner der Gegenstände tauchte in Pfandhäusern auf. Die Polizei von Taylorsville geht davon aus, dass sie wahrscheinlich verschenkt wurden. Die Überwachungskameras sowohl im Motel als auch in den Geschäften in der Nähe der Wohnung lieferten keine brauchbaren Anhaltspunkte.

Aufgrund der wenigen Informationen, die über dieses Verbrechen bekannt sind, glaubt die Polizei von Taylorsville nicht, dass Mejia ihren Angreifer kannte. Die Arbeitstheorie ist, dass der Angreifer sich entweder zu ihr hingezogen fühlte - oder sie seinem Profil entsprach - und dass er möglicherweise ihren Zeitplan kannte und ihr nach Hause folgte.

Damiana Castillo war am Morgen des 9. Februar 2008 untypischerweise nicht in der Kirche, und die ganze Gemeinde wusste, dass etwas nicht stimmte. Als ihr 32-jähriger Sohn an diesem Morgen gegen 10 Uhr nach ihr sah, fand er die 57-jährige Großmutter tot auf dem Fußboden ihres Wohnzimmers in West Valley City, Utah, vor. Castillo war geschlagen und erdrosselt worden, und die Gegenstände in der Wohnung waren verschoben worden. Es gab keine Anzeichen für ein gewaltsames Eindringen, und die Nachbarn hatten nichts Ungewöhnliches gehört oder gesehen. Niemand konnte eine Beschreibung des Angreifers abgeben, und die Polizei von West Valley City hat seit der Tat keine weiteren Informationen über das Verbrechen gegeben.

Die beiden weiblichen Opfer wurden nicht nur am selben Tag ermordet, sondern auch im Abstand von genau 2 Jahren, und waren beide hispanischer Herkunft. Die beiden Frauen wurden erwürgt, als sie allein in ihren Wohnungen waren, und lebten in Salt Lake City in Nachbarschaften, die nur wenige Blocks

voneinander entfernt sind. Beide Gemeinden
sind dicht mit hispanischen Bewohnern bevölk-
ert.

Obwohl die Polizei der beiden Gerichtsbarkeiten es abgelehnt hat, alle Beweise offen-
zulegen, gaben sie auf einer Pressekonferenz
im Februar 2009 gemeinsam bekannt, dass
sowohl das DNA-Profil als auch die körperliche
Beschreibung dessen, der als der Mörder vom
9. Februar bekannt geworden ist, übereinstimmen. Auf der Grundlage der Augenzeugenber-
ichte des Mejia-Mordes und möglicherweise
des späteren DNA-Profils, das mit beiden Verbrechen übereinstimmte, glauben die
Behörden von Taylorsville und West Valley City,
dass es sich bei dem Täter um einen jungen
Mann (Ende Teenager oder Anfang 20) handelte, der etwa 1,50 bis 1,50 Meter groß war
und zwischen 130 und 150 Pfund wog. Sein
Haar wurde als kurz, schwarz und zurück-
gekämmt beschrieben. Zum Zeitpunkt des An-
griffs auf Mejia soll er kurze Jeanshosen (unter
dem Knie), weiße Tennisschuhe (ohne Socken)
und ein weißes T-Shirt getragen haben.

In Zusammenarbeit mit dem Federal Bureau of Investigation (FBI) geht die Polizei von Taylorsville außerdem davon aus, dass der Verdächtige möglicherweise eine Vorgeschichte in Sachen Tiermissbrauch hat. Da die DNA des Mörders in den bestehenden Datenbanken nicht gefunden wurde, geht das FBI davon aus, dass der Täter psychopathisch ist und keine Vorstrafen hat. Er ist wahrscheinlich auch ein nicht registrierter Sexualstraftäter.

Im Jahr 2010 erhob die Bezirksstaatsanwaltschaft von Salt Lake County beim Gericht des 3. Bezirks Anklage gegen den Mörder vom 9. Februar und führte ihn als Unbekannten mit dem spezifischen DNA-Profil aus den Fällen Mejia und Castillo auf. Dies ist der einzige bekannte Mordfall in Salt Lake County, der auf diese ungewöhnliche Weise verfolgt wird. Der Zeitpunkt der Anklageerhebung diente in erster Linie dazu, den Ablauf der Verjährungsfrist für die Mordfälle zu vermeiden. Zu den gegen John Doe erhobenen Anklagen gehörten jeweils zwei Anklagen wegen schweren Mordes, schweren Einbruchs, schweren Raubes und schwerer sexueller

Nötigung. Wegen der Ermordung von Mejia und ihres ungeborenen Kindes droht in den Anklagepunkten des schweren Mordes die Todesstrafe.

Die beiden Fälle wurden 2011 offiziell den Abteilungen für ungeklärte Fälle in Taylorsville und West Valley City zugewiesen. Die Behörden in beiden Gerichtsbarkeiten ermutigen jedoch weiterhin jeden, der etwas über die Verbrechen weiß, sich zu melden, auch nicht englischsprachige Einwohner, die sich möglicherweise Sorgen um ihren Einwanderungsstatus oder den eines Angehörigen machen. Die Behörden arbeiten aktiv mit hispanischen Interessenverbänden und spanischsprachigen Fernseh- und Radiosendern zusammen und betonen, dass die Einwohner keine Angst haben sollen, sich zu melden. Darüber hinaus hat die Molkerei Meadow Gold zwei Belohnungen in Höhe von 5.000 Dollar für Hinweise ausgesetzt, die zur Verhaftung und Verurteilung der an diesen Verbrechen beteiligten Personen führen.

Das Motiv für die Morde an Mejia und Castillo und die Bedeutung des Datums 9. Februar, falls es eine solche gibt, bleiben unbekannt.

Die Morde an Mejia und Castillo könnten die lose Inspiration für die Figur Johnny Ray Covey in einer Episode der achten Staffel der CBS-Fernsehserie Criminal Minds sein. Obwohl im Abspann der Sendung nicht auf die beiden Morde Bezug genommen wurde, hatte es der fiktive Mörder (Covey) auf hispanische Frauen abgesehen, von denen eine schwanger war, und entsorgte ihre Leichen jedes Jahr am selben Tag (13. Mai).

FRANKFORD SLASHER

Frankford ist ein Viertel im Nordosten Philadelphias. Obwohl die Gemeinde einst eine
reiche Geschichte mit florierenden Unternehmen und palastartigen Anwesen hatte, verwan-
delten Drogen, scheiternde Unternehmen und
ein jahrzehntealtes Hochbahnsystem (die El)
Frankford in den 1980er Jahren von einem
Ausflugsziel in eine Gegend, in der es von
Süchtigen und Prostituierten wimmelte.
Zwischen 1985 und 1990 trieb ein
Serienmörder sein Unwesen und der Nordosten Philadelphias wurde landesweit als Heimat
des Frankford Slasher bekannt. In diesem 5-
Jahres-Zeitraum gab es acht, möglicherweise
neun bizarre und grausame Morde. Die
Behörden von Philadelphia betrachten alle Verbrechen bis auf eines als ungelöst. Für das
achte Verbrechen (siebtes Opfer) gab es zwar
eine Verurteilung, aber keine Beweise, die den
Angreifer mit den anderen in Verbindung
bringen. Auch bei der einen Verurteilung gibt
es noch Zweifel.

Alle Morde des Frankford-Würgers wurden
mit der Frankford Avenue in Verbindung

gebracht, einem belebten, 13 Blocks langen Streifen mit Geschäften, Bars und Restaurants im Schatten der Hochbahn von Philadelphia. Seit Jahrzehnten ist die Gegend für ihr Nachtleben und als ein Ort bekannt, an dem man zu jeder Tages- und Nachtzeit einen Drink kaufen kann.

Die Polizei erkannte erst beim vierten Opfer (Jeanne Durkin) ein Muster in den Verbrechen, woraufhin sie eine Task Force einrichtete und damit begann, die Nachbarschaft der Frankford Avenue und die Ladenbesitzer auf der Suche nach Hinweisen auf einen Serienmörder zu befragen. Die Behörden konzentrierten sich auf die Golden Bar (Goldie's) im 5200er-Block der Frankford Avenue, in der alle Opfer entweder regelmäßig oder gelegentlich zu Gast waren. Eine der Barkeeperinnen glaubte, dass der Mörder auch ein Stammgast war, und nannte den Namen mindestens eines Mannes, von dem sie annahm, dass er die Verbrechen begehen könnte. Nach Hunderten von Befragungen wurden 50 Männer ermittelt, auf die die Beschreibungen der Zeugen und das Phantombild der Polizei zutrafen; zwei Verdächtige wurden unter Beobachtung gestellt, aber nicht verhaftet oder angeklagt.

Helen Patent war 52 Jahre alt und lebte in Bucks County, Pennsylvania, mit ihrem entfremdeten Ehemann Kermit. Kermit sagte später gegenüber der Polizei aus, dass er Helen seit dem 19. August nicht mehr gesehen habe, dass es aber nicht ungewöhnlich sei, dass sie für längere Zeit abwesend sei. Das nächste Mal, dass Kermit Patent Helen Patent sehen würde, wäre im Leichenschauhaus von Philadelphia. Die Bewohner des Frankford-Viertels, in dem sie gefunden wurde, wussten nicht einmal, dass sie einen Ehemann hatte oder woanders wohnte.

Obwohl die Berichte variieren, geht aus den Zeitungsartikeln hervor, dass am 26. August gegen 8:30 Uhr morgens Bahnarbeiter inmitten von gestapelten Eisenbahnschwellen über die Leiche einer weißen Frau stolperten. Das Opfer war von der Taille abwärts nackt, hatte aufreizend posiert und war mit mehreren Messerstichen in Brust, Kopf und rechten Arm niedergestreckt worden. Außerdem wies sie eine lange Wunde im Unterleib auf, die so tief war, dass ihre inneren Organe freigelegt waren. Aus den Autopsieunterlagen geht hervor, dass Helen Patent 47 Stichwunden erlitten hatte; sie war auch sexuell missbraucht worden.

Nach Angaben von Bekannten, die von der Polizei befragt wurden, hielt sich Patent regelmäßig in Frankford auf, blieb dort eine Zeit lang und verschwand dann wieder. Sie besuchte viele der örtlichen Nachtlokale und Bars, war aber Stammgast im Goldie's. Der Barkeeper im Goldie's beschrieb sie als gewieft, als Einzelgängerin und als jemand, der seine Getränke lieber selbst kaufte. Niemand glaubte, dass sie freiwillig mit einem Fremden zum Rangierbahnhof gegangen wäre. Ob Helen Patent eine Prostituierte war oder von ihrem Mörder für eine solche gehalten wurde, ist nicht bekannt.

Anna Carroll lebte im Süden Philadelphias im Block 1400 der Ritner Street, nicht weit vom Methodist Hospital entfernt. Sie war 68 Jahre alt. Als Nachbarn an einem kalten Wintertag nachsahen, warum ihre Haustür offen stand, fanden sie ihre Leiche auf dem Fußboden des Schlafzimmers liegen. Ähnlich wie Helen Patent war Carroll von der Taille abwärts nackt und starb an mehreren, wenn auch weniger (sechs) Stichwunden, vor allem im Rücken. Carroll wies außerdem eine lange, breite postmortale Wunde vom Brustbein bis zur Leiste auf; ein Küchenmesser steckte noch in ihrem Körper.

Carroll wurde häufig in den Nachtlokalen der Frankford Avenue gesehen und war Stammgast im Goldie's. Im Jahr 2010 veröffentlichte Carrolls Enkelin eine Nachricht in einem öffentlichen Internetforum in Philadelphia und bat um Informationen über sie. In der Nachricht wies sie darauf hin, dass ihre Familie immer gesagt habe, Anna sei eine hart arbeitende Frau und keine Prostituierte gewesen.

Die Leiche von Susan Olszef wurde am Weihnachtsabend 1986 gegen 20.30 Uhr aufgefunden. Die Umstände, unter denen Olszef allein in einer Wohnung lebte, waren fast identisch mit denen von Anna Carroll, sie war sechsmal in den Rücken gestochen worden und wurde von Nachbarn gefunden, die bemerkten, dass ihre Haustür angelehnt war. Die Polizei berichtete, dass es keine Anzeichen für ein gewaltsames Eindringen gab.

Olszef war 64 Jahre alt und wurde als kleine Frau mit schwerer Arthritis beschrieben. Der Barkeeper im "Goldie's" sagte der Polizei, dass Olszef, wie Patent und Carroll, Stammgast in der Frankford Avenue war und nur drei Tage vor ihrer Ermordung im "Goldie's" gewesen war.

Die Leiche der 28-jährigen Jeanne Durkin wurde am Morgen des 8. Januar 1987 um 7.30 Uhr von einem Angestellten des Jerry's Restaurant gefunden. Im Gegensatz zu den früheren Opfern war Durkin, die Mutter von vier Kindern, obdachlos und lebte seit mehr als fünf Jahren in der Frankford Avenue oder in deren Nähe. Am häufigsten wurde sie in der verlassenen Hanscom Bakery gesehen, zwei Gebäude vom Goldie's entfernt, wo das Personal ihr gelegentlich erlaubte, sich aufzuwärmen und zu waschen.

Menschen, die Jeanne Durkin kannten, sagten der Polizei, dass sie geistig verwirrt war, aber unabhängig und stark genug, um einen Angreifer abzuwehren, und dass sie ihren Angreifer zweifellos kannte.

Durkins Leiche wurde auf einem leeren Parkplatz unter einem Obst- und Gemüsestand/Lkw gefunden. Sie war von oben bis unten nackt und hatte aufreizend posiert. Sie war brutal geschlagen und mehr als 74 Mal in die Brust, das Gesäß und den Rücken gestochen worden. Es gab eine große Blutlache und Blutspritzer wurden am Obststand und an einem nahe gelegenen Zaun gefunden; sie war sexuell missbraucht worden. Sie lag mit dem Gesicht nach unten, ein Mantel war ihr über den Kopf gezogen worden.

Margaret Vaughan wurde im Foyer ihres Wohnhauses in der Penn Street gefunden. Die 66-jährige Vaughan war am selben Morgen aus dem Haus geworfen worden. Aus den Polizeiberichten geht hervor, dass auf Vaughan 29 Mal eingestochen wurde.

Eine Angestellte des Goldie's erzählte der Polizei, dass Vaughan in der Nacht vor ihrer Ermordung in der Bar war und mit einem weißen Mann getrunken hatte, der eine Brille trug und hinkend ging. Ein Zeichner der Polizei von Philadelphia fertigte ein Phantombild an, das auf der Beschreibung der Bardame basierte, aber er wurde nie identifiziert.

Das sechste Opfer, das dem Frankford Strangler zugeschrieben wird, ist Theresa Sciortino, 30 Jahre alt. Sciortino war ebenfalls eine häufige Kundin auf dem Frankford Avenue Strip und lebte allein in der Wohnung 3F in der Arrott Street, nur drei Blocks von Margaret Vaughan entfernt. Wie Jeanne Durkin war auch Sciortino in psychiatrischen Einrichtungen ein- und ausgegangen und befand sich zum Zeitpunkt ihres Todes in ambulanter psychiatrischer Behandlung.

Sciortinos Leiche wurde von ihrem Vermieter gegen 12:30 Uhr gefunden, nachdem ein anderer Mieter berichtet hatte, dass er einige Stunden zuvor laute schlagende Geräusche gehört hatte. Der Nachbar gab an, dass sich die Geräusche so anhörten, als würde eine Person fallen oder auf den Boden geworfen werden, und dass anschließend jemand die Wohnung des Opfers verließ. Die Tür zu Sciortinos Wohnung war unverschlossen, aber der Vermieter hatte Schwierigkeiten, sie zu

öffnen, da sie teilweise durch die Leiche block-
iert war.

Als sie gefunden wurde, lag Sciortino mit
dem Gesicht nach oben in einer großen
Blutlache auf dem Boden der Wohnung; sie war
bis auf ein Paar weiße Socken völlig nackt. Die
Polizei beschrieb die grausame Mordszene so,
dass sie die gesamte Wohnung umfasste und
überall mit Blut bespritzt war. Wie bei den fünf
vorangegangenen Morden wurde Sciortino mit
einem scharfen Messer 25 Mal in Gesicht,
Arme, Schulter und Brust gestochen. Bei
diesem Verbrechen ließ der Angreifer das
blutverschmierte Messer in der Küchenspüle
liegen, zusammen mit einem drei Meter langen
blutigen Stock, mit dem er sie sexuell missbraucht hatte. Die Polizei stellte fest, dass der
Stock offenbar zum Türrahmen der Wohnung
gehörte.

Der Angreifer hinterließ außerdem einen
blutigen Fußabdruck und die Polizei fand Hinweise auf Drogenkonsum. Das Büro des
Gerichtsmediziners von Philadelphia wurde mit
der Aussage zitiert, es gebe ein Muster für

Sciortinos Stichwunden, wollte aber nicht näher darauf eingehen.

Gegen 2 Uhr morgens am 29. April 1990 fand eine Polizeistreife, die die Gegend wegen früherer Einbrüche kontrollierte, Opfer 7 - Carol Dowd, 46 Jahre alt - in einer Gasse hinter Newman's Sea Food. Das Geschäft befand sich in der Frankford Avenue 4511. Dowd, die ebenfalls häufig in der Frankford Avenue verkehrte, wurde von Familienmitgliedern als paranoide Schizophrene beschrieben, die nach dem Tod ihres Bruders begann, Stimmen zu hören. Zum Zeitpunkt ihres Todes lebte sie in einer Gemeinschaftseinrichtung in unmittelbarer Nähe des Tatorts.

Dowd wurde 36 Mal in die Brust, den Rücken, den Bauch, das Gesicht und den Hals gestochen. Die Bauchwunde war lang und tief und legte ihre inneren Organe frei. Im Gegensatz zu den früheren Morden waren Dowds Kopf und Gesicht brutal zugerichtet und ihre linke Brust verstümmelt. Dowd wies auch Spuren von Abwehrverletzungen an den Händen auf, und ihre Kleidung und ihre Handtasche wurden in der Nähe der Leiche gefunden. Der Inhalt der Handtasche war verstreut, aber es schien nichts gestohlen worden zu sein, so dass die Polizei zu dem Schluss kam, dass Raub nicht das Motiv war. Ein Augenzeuge sah Dowd einige Stunden vor ihrer Ermordung mit einem älteren weißen Mann auf der Frankford Avenue gehen.

In derselben Straße, in der Theresa Sciortino ermordet wurde, und nur drei Blocks von der Stelle entfernt, an der Carol Dowd 15 Monate zuvor gefunden wurde, fand die Polizei die Leiche von Michelle Dehner, 30 Jahre alt, auf dem Boden ihrer winzigen, effizienten Wohnung liegend. Das Opfer war der Polizei bereits bekannt, da es ein möglicher Verdächtiger im Mordfall Jeanne Durkin war, nachdem die beiden bei einem Streit um eine Decke gesehen worden waren.

Dehner, die als Crazy Michelle bekannt war, wurde als unfreundlich, unsauber und als Einzelgängerin mit unberechenbarem Verhalten beschrieben. Nachbarn berichteten der Polizei, dass sie manchmal Möbel benutzte, um sich in ihrer Wohnung zu verbarrikadieren, und dann Dinge aus dem Fenster warf, aber dass sie meistens in den Bars der Frankford Avenue verkehrte und den ganzen Tag trank. Zwei Tage vor dem Fund ihrer Leiche wurde sie beim Verlassen der Jolly Post Tavern mit einem weißen Mann gesehen. Dies war das letzte Mal, dass sie lebend gesehen wurde.

Als die Polizei am Nachmittag des 6. September 1990 am Tatort eintraf, fand sie Dehner mit 23 Messerstichen in Brust und Bauch vor. Der Mörder hatte die Mordwaffe nicht am Tatort zurückgelassen, und es gab keine Anzeichen für ein gewaltsames Eindringen.

Obwohl dem Frankford Slasher in der Regel acht Morde zugeschrieben werden, könnte auch ein neuntes Verbrechen auf das Konto desselben Mörders gehen. Dieser Mord ereignete sich am 29. Januar 1987, nur 21 Tage nachdem die Leiche von Jeanne Durkin gefunden worden war. Catherine Jones, 29 Jahre alt, wurde von einem Passanten im Stadtteil Northern Liberties in Philadelphia gefunden. Sie war zu Tode geprügelt worden und wurde teilweise bekleidet und im Schnee begraben aufgefunden. Der Autopsiebericht ergab, dass

ihr Kiefer gebrochen und ihr Schädel zertrüm-
mert war.

Nach Angaben von Jones' Vater war Catherine Kellnerin in einem Restaurant in der Nähe
des Goldie's und besuchte häufig die Bars in
der Frankford Avenue. Die Polizei sah Ähnlichkeiten mit den anderen acht Fällen, stellte aber
auch Ungereimtheiten fest, vor allem eine
Todesart, die keine Messerstiche beinhaltete.

Elemente der Straftaten:

1. Alle Opfer waren kaukasische
Frauen.

2. Alle Opfer verkehrten in der Frankford Avenue.

3. Alle Opfer waren regelmäßige
oder gelegentliche Besucher der
Goldenen Bar.

4. Alle Opfer waren obdachlos oder
Sozialhilfeempfänger.

5. Mit Ausnahme des möglichen
neunten Opfers (Catherine Jones)
wurden alle Opfer mehrfach brutal
erstochen, was auf ein Verbrechen
aus Wut schließen lässt.

6. Bei den meisten Verbrechen wurden die Frauen sexuell missbraucht.

7. Bei zwei der Verbrechen wurden die Frauen zudem mit schweren Schlägen traktiert.

8. Drei der Frauen wurden innerhalb weniger Stunden nach ihrer Ermordung mit einem weißen Mann gesehen.

9. Vier der Frauen wurden im Freien getötet; fünf der Frauen wurden in einer Wohnung getötet; bei den Verbrechen innerhalb der Wohnung gab es keine Anzeichen für ein gewaltsames Eindringen.

10. Das Alter der Opfer variierte stark zwischen 28 und 68 Jahren.

11. In Anbetracht der Blutmenge, die an dem Mörder klebte, fiel er niemandem auf.

12. Der blutige Fußabdruck, der am Tatort von Theresa Sciortino gefunden wurde, war das vielversprechendste Indiz. Der Hersteller

des Schuhs wurde identifiziert,
aber es gab keine Übereinstimmung mit einem der Männer,
gegen die ermittelt wurde.

Als Opfer Nr. 7, Carol Dowd, ermordet
hinter Newman's Sea Food aufgefunden
wurde, befragte die Polizei Dutzende von
Menschen in der Nachbarschaft. Unter ihnen
war der 39-jährige Leonard Christopher, ein af-
roamerikanischer Fischkutter bei Newman's,
der ebenfalls in der Nähe wohnte. Bei der
Befragung erwähnte Christopher, dass er Margaret Vaughan (Opfer 5) gekannt hatte. Da er
eines der früheren Opfer kannte und in dem
Geschäft arbeitete, in dem ein zweites Opfer
ermordet wurde, wurde die Polizei sofort mis-
strauisch und bat ihn um ein Alibi für die Nacht,
in der Dowd getötet wurde.

Christopher sagte der Polizei, dass er in dieser Nacht mit seiner Freundin zusammen war,
aber als sie befragt wurde, bestritt sie, dass sie
zusammen waren. Andere Zeugen gaben widersprüchliche Aussagen. Einer sagte aus, dass
Christopher in der Mordnacht mit Dowd in
einer Bar war, und zwei Prostituierte in der

Frankford Avenue sagten aus, dass er zunächst mit ihr vor der Bar war und dann schwitzend und mit einem großen Messer in der Hand von hinter dem Fischmarkt kam.

In der Annahme, dass diese Schilderungen für einen Durchsuchungsbefehl ausreichten, durchsuchte die Polizei Christophers Wohnung und fand einen winzigen Blutfleck auf einer seiner Hosen. Der Fleck war zu klein, um ihn auf DNA zu testen oder ihn mit dem Verbrechen in Verbindung zu bringen. Sowohl Christopher als auch sein Chef auf dem Fischmarkt sagten, er habe den Blutfleck auf seiner Kleidung gehabt, als er nach dem Mord an Dowd gebeten wurde, die Gasse zu säubern. Mehrere Mitarbeiter bestätigten Christophers guten Charakter, ebenso wie sein Vermieter. Andere sagten aus, er habe ein freundliches Wesen gehabt und sei sehr beliebt gewesen.

Obwohl Christopher, der keine Vorstrafen hatte, weder dem Phantombild der Polizei noch den Beschreibungen mehrerer Zeugen des Frankford Slashers ähnelte - junger, großer schwarzer Mann im Gegensatz zu einem kleinen weißen Mann mittleren Alters mit Brille

und Hinken -, verhaftete ihn die Polizei am 5.
Mai 1990 wegen Mordes an Carol Dowd.
Außerdem wurde er des Raubes, der Misshandlung einer Leiche und des Besitzes eines Tatwerkzeugs (des Messers) angeklagt.
Christopher wurde eine Kaution verweigert, aber er wurde nicht wegen eines der anderen Morde angeklagt.

Am 6. September 1990, als Leonard Christopher im Gefängnis saß und auf seinen Prozess wartete, wurde Michelle Dehner auf genau dieselbe Weise ermordet aufgefunden wie die anderen Slasher. Die Polizei hatte keine Erklärung und weigerte sich, einen Kommentar abzugeben.

Die Öffentlichkeit, die zunächst erleichtert war, dass ein Serienmörder gefasst worden war, befürchtete nun, dass der wahre Mörder noch immer auf freiem Fuß war und die Polizei von Philadelphia den falschen Mann hatte. Die Forderungen nach einer Freilassung von Christopher wurden ignoriert, und am 29. November 1990 wurde ihm der Prozess gemacht. Am 12. Dezember wurde Leonard Christopher des Mordes an Carol Dowd für schuldig befunden und zu lebenslanger Haft verurteilt; die Staatsanwaltschaft hatte die Todesstrafe gefordert.

Nach Angaben der örtlichen Zeitungen wurde Christopher ausschließlich aufgrund von Hörensagen verurteilt. Es gab keine Beweise, die ihn mit dem Verbrechen in Verbindung brachten, keine Mordwaffe und widersprüchliche Aussagen von mehreren Prostituierten und Drogenabhängigen in der Frankford Avenue. Vor allem aber befand er sich zum Zeitpunkt der letzten Tat im Gefängnis. Nach dem Prozess sagte Christopher, er sei von den Behörden, die sich unter Druck gesetzt fühlten, das Verbrechen aufzuklären, und von "Pipern" - Prostituierten, die von der Polizei unter Druck gesetzt wurden, auszusagen - über den Tisch gezogen worden.

Leonard Christopher ist derzeit in der staatlichen Strafvollzugsanstalt in Huntingdon, Pennsylvania, inhaftiert. Seit März 2014 wird seine mögliche unrechtmäßige Verurteilung von Anwälten des Pennsylvania Innocence Project untersucht.

Proben von zwei weiteren Fällen sind für DNA-Tests vorgesehen, aber der Stand der Analyse ist nicht bekannt.

FREEWAY-PHANTOM

Während eines 16-monatigen Zeitraums
zwischen April 1971 und September 1972 verfolgte ein Serienmörder mit dem Spitznamen
Freeway Phantom den Südosten von Washington D.C. In diesem Fall wurden sechs junge afroamerikanische Mädchen im Alter zwischen 10
und 18 Jahren wahllos entführt und erwürgt.
Einige der Mädchen wurden mehrere Tage
lang gefangen gehalten, und vier von ihnen
wurden vergewaltigt; alle Leichen wurden in

der Nähe stark befahrener Straßen abgelegt.
Mehrere Gerichtsbarkeiten übernahmen die Ermittlungen, doch bis 1973 war der Fall zum
Stillstand gekommen. In den folgenden drei
Jahrzehnten unternahmen die Behörden immer
wieder Versuche, die Morde aufzuklären, aber
es gab nie genügend Beweise, um jemanden
anzuklagen.

Carol Denise Spinks: Die erste der Freeway-
Phantom-Entführungen fand am 25. April 1971
statt. In der Dämmerung dieses Abends
überquerte Carol Spinks, 13 Jahre alt, die
Grenze von ihrem Haus in Maryland nach
Washington D.C. und ging etwa eine halbe
Meile zu Fuß, um in einem 7-Eleven Lebensmittel für das Abendessen ihrer Familie ein-
zukaufen. Sie wurde auf dem Heimweg
entführt, nachdem sie Fernsehgerichte, Brot
und Limonade gekauft hatte. Sechs Tage
später fand ein 11-jähriger Junge, der auf dem
grasbewachsenen Seitenstreifen der Interstate
295 in Richtung Norden spazieren ging, die
Leiche des Kindes. Sie war bis auf die Schuhe
vollständig bekleidet und war sexuell missbraucht und erwürgt worden. Spinks war eines

von nur zwei Opfern (die ersten beiden), deren Leiche innerhalb der Grenzen des District of Columbia gefunden wurde.

Darlenia Denise Johnson: Am 8. Juli 1971 verließ Darlenia Johnson gegen 10:30 Uhr ihre Wohnung, um als Sommerberaterin in einem örtlichen Freizeitzentrum zu arbeiten. Sie wohnte nur wenige Häuserblocks vom Haus der Familie Spinks entfernt und ging auf dem Weg zu ihrer Arbeit dieselbe Straße entlang, auf der Carol Spinks entführt wurde. Johnson war erst 16 Jahre alt und wurde nie wieder lebend gesehen. Elf Tage nach ihrer Entführung fand ein Elektrizitätswerk die Leiche von Johnson an der Interstate 295, nur wenige Meter von der Stelle entfernt, an der drei Monate zuvor die Leiche von Carol Spinks gefunden worden war. Johnson starb durch Strangulation, obwohl ihr Körper stark verwest war und die Polizei die Ursache zunächst nicht feststellen oder bestätigen konnte, ob sie sexuell missbraucht worden war. Sie war schuhlos.

Brenda Fay Crockett: Neunzehn Tage nach der Entführung von Darlenia Johnson verschwand Brenda Crockett, 10 Jahre alt,

unter ähnlichen Umständen wie Carol Spinks. In
der Nacht des 27. Juli 1971 wurde das junge
Mädchen von ihrer Mutter in einen nur fünf
Blocks entfernten Lebensmittelladen im Nordwesten von Washington D.C. geschickt; sie
kehrte nie zurück. Von den sechs Fällen des
Freeway-Phantoms nahm dieses Verbrechen
eine ungewöhnliche Wendung, als das Kind
drei Stunden nach seiner Entführung zu Hause
anrief. Während des kurzen und tränenreichen
Anrufs erzählte Brenda Crockett ihrer 7-jäh-
rigen Schwester, dass sie von einem weißen
Mann abgeholt worden war, der ihr versprach,
sie mit einem Taxi von irgendwo in Virginia
nach Hause zu bringen. Innerhalb weniger Minuten rief das Kind erneut an und wiederholte
die Geschichte gegenüber dem Freund ihrer
Mutter, wobei es hinzufügte, dass sie in einem
Haus mit einem weißen Mann sei. Als der
Freund den Mann sprechen wollte, brach die
Telefonleitung ab. Wenige Stunden später
wurde Brenda Crocketts Leiche von einem An-
halter an einer Unterführung der Route 50 in
der Nähe der Interstate 295 in Prince George's
County, Maryland, gefunden. Ein Schal mit

einem Knoten war um ihren Hals gebunden und sie war brutal vergewaltigt und erwürgt worden. Wie die ersten beiden Opfer war auch Crockett schuhlos. Die Polizei vermutete, dass das Kind vom Mörder gezwungen wurde, die Anrufe zu tätigen, um die Ermittlungen zu verwirren, möglicherweise weil ein Augenzeuge sie kurz nach ihrer Entführung in einem schwarzen Auto mit einem afroamerikanischen Mann gesehen hatte.

Nenomoshia Yates: Das vierte Opfer des Freeway-Phantoms war die 12-jährige Nenomoshia Yates. Yates wurde am Abend des 1. Oktober 1971 gegen 18.30 Uhr zu einem Safeway-Lebensmittelgeschäft im Nordosten von Washington, D.C., geschickt, um einen Sack Zucker zu kaufen. Auf dem Heimweg - gegen 19 Uhr - wurde das Kind weniger als einen Block vom Geschäft entfernt entführt, als es auf dem Bürgersteig ging. Sie wurde vergewaltigt und erdrosselt. Angesichts der anderen Entführungen der letzten Zeit rief ihre Familie die Polizei an, um sie als vermisst zu melden, aber es war zu spät. Innerhalb von drei Stunden wurde ihre Leiche ca. 5 Meilen entfernt, in der

Nähe der Pennsylvania Avenue und gleich
hinter der Grenze zwischen Washington
D.C./Maryland, wiederum in Prince George's
County, Maryland, gefunden. Die Zuckertüte
und das Wechselgeld von ihrem Einkauf
wurden bei der Leiche gefunden. Nach dem
Fund dieses Opfers begannen die lokalen Medien, den Spitznamen "Freeway Phantom" zu
verwenden.

Brenda Denise Woodward: Mit 18 Jahren
war Brenda Woodward das älteste Opfer des
Freeway-Phantoms. Am 15. November 1971
verließen Woodward und eine Freundin einen
Abendkurs ihrer High School im Nordwesten
von Washington D.C., aßen in einem örtlichen
Restaurant zu Abend und fuhren gegen 22.30
Uhr gemeinsam mit einem Bus zu ihrem
Wohnort im Nordosten Washingtons. Auf dem
Weg dorthin stieg Woodward an der Ecke
Eighth und H Street Northeast in einen zweiten
Bus um. Sechs Stunden später wurde Wood-
wards Leiche von einer Polizeistreife in der
Nähe der Zufahrtsstraße, die vom Baltimore-
Washington Parkway zum Krankenhaus von
Prince George's County, Maryland, führt,

gefunden. Die Leiche lag auf einer Wiese und war mit einem Mantel bedeckt; Woodward war mit sechs Messerstichen erstochen und erwürgt worden. In der Tasche des Mantels befand sich eine Notiz in Woodwards Handschrift. Die Nachricht, die später vollständig in den lokalen Zeitungen veröffentlicht wurde, war mit "The Freeway Phantom" unterzeichnet; die Polizei glaubt jedoch, dass der Mörder die spöttische Nachricht diktiert hat, die auf "Fang mich, wenn du kannst" schließen lässt. Ähnlich wie Darlenia Johnson war Woodward ein Sommerbetreuer in einem örtlichen Freizeitzentrum.

Diane Denise Williams: Diane Williams, 17 Jahre alt, ist vermutlich das letzte Opfer des Freeway-Phantoms. Nachdem sie am Abend des 5. September 1972 das Abendessen für ihre Familie zubereitet hatte, verließ die Schülerin der Anacostia High School das Haus, um ihren Freund zu besuchen, und wurde zuletzt lebend gesehen, als sie in einen Bus auf dem Heimweg stieg. Williams wurde erwürgt und sexuell missbraucht, und ihre Leiche wurde in Prince Georges County, Maryland, entlang

der Interstate 295 etwa eine Viertelmeile südlich der Grenze zu Washington D.C. gefunden.
Spermaproben wurden sowohl von der Leiche
als auch von der Kleidung von Diane Williams
entnommen und sind die einzigen bekannten
Proben, die von der Untersuchung des Freeway
Phantom übrig geblieben sind. Bis zum Jahr
2014 - 42 Jahre nach der Tat - wurden die
Ergebnisse der DNA-Tests noch nicht veröffentlicht.

Mehrere auffällige Muster verbinden die
sechs Freeway-Phantom-Verbrechen:

- Bei allen sechs Opfern handelte es
  sich um junge afroamerikanische Mädchen, die innerhalb der Grenzen des
  District of Columbia entführt wurden.
  Alle lebten im südöstlichen Quadran-
  ten des Distrikts.
- Obwohl sie zwischen 10 und 18 Jahren alt waren, hatten alle sechs Mädchen eine ähnliche Statur und
  schienen körperlich etwa gleich alt zu
  sein.

- Die sechs Mädchen wurden alle erdrosselt. Vier, und wahrscheinlich alle sechs, wurden sexuell missbraucht.
- Die Leichen aller sechs Mädchen wurden am Rande von Autobahnen oder Hauptverkehrsstraßen zurückgelassen - zwei im District of Columbia, die übrigen vier in Prince George's County, Maryland.
- Bei allen sechs Mädchen wurden grüne synthetische Teppichfasern aus ihren Körpern geborgen.
- Drei der Mädchen wohnten in der Nähe voneinander.
- Alle Opfer wurden vollständig bekleidet aufgefunden, die ersten drei jedoch ohne Schuhe.
- Vier der Mädchen (Opfer 1, 2, 5 und 6) hatten denselben zweiten Vornamen - Denise - und zwei hatten denselben ersten Vornamen - Brenda.
- Alle sechs Mädchen waren auf dem Weg zur oder von der Arbeit, der Schule, einem Lebensmittelgeschäft

oder einer Bushaltestelle allein und in Sichtweite öffentlicher Straßen. Alle sechs wurden außerdem in der Dämmerung oder bei Nacht entführt.

- Zwei der Mädchen waren ehemalige Betreuerinnen des Freizeitzentrums.
- Keiner der Augenzeugen hat die Entführungen oder die Ablage der Leichen am Highway gesehen, obwohl ein Augenzeuge Brenda Fay Crockett in einem dunklen Auto mit einem afroamerikanischen Mann gesehen hat.

Einige der Verbrechensmuster weisen Parallelen zu Verbrechen auf, die im selben Zeitraum in derselben Gegend begangen wurden. Ob richtig oder falsch, jede der Straftaten, die nicht dem Freeway-Phantom zugeschrieben wurden, wurde schließlich anderen zugeschrieben.

Seit den ersten Verbrechen im Jahr 1971 haben Ermittler aus mehreren Gerichtsbarkeiten Hunderte von Zeugen und Familienmitgliedern befragt und Tausende von Seiten an Polizei- und FBI-Akten sowie Hinweise von Bürgern ausgewertet. Die Aktivitäten in diesem Fall haben zu- und nachgelassen, seit er 1973 zum ersten Mal unterbrochen wurde, aber neugierige und unermüdliche Ermittler sind immer wieder neuen Spuren nachgegangen. Erschwerend kommt hinzu, dass sich die polizeilichen Verfahren im Laufe der Jahre geändert haben und einige der ursprünglichen Beweise verloren gegangen sind oder zerstört wurden.

1974 untersuchten das FBI und andere örtliche Behörden eine mögliche Verbindung zwischen den sechs vermissten Mädchen und den Green Vega Rapists - einer Bande von Männern, die Dutzende von Frauen im gesamten District of Columbia entführte und sexuell missbrauchte. Eines der Bandenmitglieder kooperierte mit dem FBI, behauptete, an den Morden an den sechs jungen Mädchen beteiligt gewesen zu sein, und beschuldigte andere. Am Ende zog er sein Geständnis zurück, und es wurde keine Anklage erhoben.

1977 wurde ein Detective der Mordkommission in Washington D.C. gebeten, einen

Vergewaltigungsverdächtigen namens Robert Elwood Askins zu befragen, um herauszufinden, ob es eine Verbindung zu den Freeway-Phantom-Fällen gab. Askins hatte ein langes Vorstrafenregister, das mehrere Anklagen wegen Entführung und Vergewaltigung umfasste. Er war auch dafür bekannt, das Wort "tantamount" zu benutzen, ein ungewöhnliches Wort, das in der Notiz auftauchte, die die Polizei in Brenda Woodwards Manteltasche fand. Es wurde ein Durchsuchungsbefehl für Askins' Haus und Grundstück ausgestellt, und die Polizei grub Askins' Hinterhof um, aber es konnten keine Beweise gefunden werden, die ihn mit den Verbrechen in Verbindung bringen, und es wurde keine Anklage erhoben. Ein Reporter der Washington Post nahm 2006 Kontakt zu Askins auf, als dieser wegen Entführung und Vergewaltigung eine lebenslange Haftstrafe in der Bundesstrafanstalt in Cumberland, Maryland, verbüßte, aber Askins leugnete die Morde bis zu seinem Tod im Gefängnis im Jahr 2010.

Im April 2006 verteilten die Major Case/Cold Case Unit des Metropolitan Police

Department und die Mordkommission von Prince George's County, Maryland, ein Poster mit einer Belohnung von 150.000 Dollar und Fotos aller sechs Opfer, um Hinweise zu erhalten. Es hat sich niemand gemeldet.

Einige der Behörden, die den Fall seit vier Jahrzehnten verfolgen, glauben, dass das Freeway-Phantom clever genug war, um nicht gefasst zu werden; andere glauben, dass er einfach Glück hatte.

SERIENMORDE IN GOLETA

Er schlug immer zwischen 21.00 und 7.00 Uhr zu. Sein erstes Verbrechen beging er wahrscheinlich bereits 1974 und sein letztes im Jahr 1986. Er ist bekannt als der Goleta Serial Killer, der East Side Rapist, der East Area Rapist, der Original Night Stalker (im Gegensatz zu Richard Ramirez, der der andere Night Stalker war), der Diamond Knot Killer, der Bedroom Killer und der Golden State Killer. Die meisten Strafverfolgungsbehörden nennen ihn einfach

EAR/ONS; einige glauben, er sei auch der berüchtigte Visalia Ransacker. Trotz der vielen Namen handelt es sich bei dem nicht identifizierten Mann, der mit ihnen in Verbindung gebracht wird, um ein und dieselbe Person und vielleicht um den aktivsten, verkommensten Serienverbrecher des 20.

Während in und um Goleta, Kalifornien, Gewaltverbrechen mit ihm in Verbindung gebracht werden, hat der East Area Rapist/Original Night Stalker (EAR/ONS) mindestens zehn grausame Morde und mehr als 50 Vergewaltigungen in den Bezirken Santa Barbara, Sacramento, Contra Costa, Ventura, Orange und sehr wahrscheinlich Tulare begangen. Sieht man von der wahrscheinlichen Verbindung zwischen EAR/ONS und den zahlreichen Verbrechen ab, die mit dem Visalia Ransacker in Verbindung gebracht werden, so begann die zehnjährige Serie von Gewaltverbrechen im Oktober 1975, als innerhalb eines Jahres acht Vergewaltigungen stattfanden. Obwohl es unmöglich ist, dies zu bestätigen, war sein letztes bekanntes Verbrechen 1986 die brutale Ermordung einer Frau in Irvine. Die von dem

Verbrecher angewandten Methoden und DNA-Analysen haben die frühesten Verbrechen mit den späteren und vielen dazwischen liegenden Verbrechen in Verbindung gebracht. Bis 2014 haben die Behörden den Mörder, der sechs kalifornische Bezirke terrorisierte, immer noch nicht identifiziert.

Nach fast 40 Jahren haben Strafverfolgungsbeamte aus verschiedenen Gerichtsbarkeiten ein einheitliches Profil von EAR/ONS erstellt. Das Profil basiert auf Augenzeugenberichten, Opferbeschreibungen, Methoden und Waffen, die bei den Überfällen verwendet wurden, bestätigten DNA-Verbindungen zwischen den Tatorten und Verbrechen sowie psychologischen Skizzen, die von verschiedenen Experten erstellt wurden.

Laut Polizeiberichten und Zeitungsberichten während und nach seiner Verbrechensserie beobachtete EAR/ONS Häuser, in der Regel in gehobenen Wohngegenden, für einen gewissen Zeitraum vor der Tat. Beweise für ein gewaltsames Eindringen wurden nicht immer gefunden; allerdings benutzte er manchmal einen Schraubenzieher, um Glasschiebetüren gewaltsam zu öffnen, oder er betrat das Haus vor der Tat, um die Fensterscheiben für spätere Besuche zu lösen. Um zu vermeiden, dass sein Auto identifiziert wird, parkte er weit entfernt vom geplanten Tatort und stahl manchmal ein Fahrrad für die eilige Rückkehr.

Seine früheren Verbrechen konzentrierten sich auf allein lebende Frauen. Als dieses Detail an die Medien weitergegeben wurde, eskalierte er zu Paaren. Beide Opfer wurden mit einem charakteristischen rautenförmigen Knoten gefesselt und der Mann wurde mit dem Tod der Frau bedroht, wenn er versuchte, die Vergewaltigung zu verhindern. Vor und nach der Tat tätigte EAR/ONS häufig Drohanrufe an seine Opfer, die jedoch immer zu kurz waren, um zurückverfolgt werden zu können. Eine Aufzeichnung von mindestens einem dieser Anrufe befindet sich in den Beweisunterlagen. Viele der Opfer wurden offenbar gezielt und nicht willkürlich ausgewählt.

Als nächtlicher Angreifer schlich sich EAR/ONS unbemerkt in Schlafzimmer und leuchtete mit einer Taschenlampe auf die Opfer. Dann bedrohte er sie mit einer Pistole oder einem Messer, fesselte sie mit vorbereiteten Gegenständen, die zum Tatort gebracht wurden, und brachte die Paare in der Regel in getrennten Räumen unter. Während er in der Wohnung war, schrie er sie ständig an und forderte Geld und Schmuck. Seine ungewöhnlichste Masche war es, dem Mann Geschirr oder ähnliche Gegenstände auf den Rücken zu legen und ihm mit dem Tod zu drohen, wenn er sie klappern hört.

Er wird als psychopathisch oder paranoidschizophren beschrieben. Nachdem er seine Opfer vergewaltigt hatte, hörte man ihn gelegentlich weinen und etwas über seine Mutter murmeln. An einem Tatort hielt er mitten in der Vergewaltigung inne, um Apfelkuchen zu essen. Im Dezember 1977 schickte er Berichten zufolge ein Gedicht an die Nachrichtenbüros von Sacramento, in dem er sich mit Jesse James und dem Son of Sam verglich.

Nachdem er von mehreren Zeugen gesehen worden war, wurde ein Phantombild von EAR/ONS an die Medien verteilt, bevor seine Verbrechen zum Mord eskalierten, aber es gab keine Hinweise. Nach der Veröffentlichung des

Phantombilds schienen die Verbrechen aufgehört zu haben, aber in Wirklichkeit hatte er seine Aktivitäten einfach in den südlichen Teil des Bundesstaates verlegt, wo er in Orange County weitere Vergewaltigungen und Morde beging.

1986 endete die Verbrechensserie des Mörders so unerwartet, wie sie begonnen hatte. Die kalifornischen Strafverfolgungsbehörden suchten in anderen Teilen des Landes nach ähnlichen Mustern, fanden aber keine.

- Physische, psychologische und methodologische Merkmale
- Blutgruppe: A positiv (Nicht-Sekretor)
- Körperbau/Rasse/Alter: athletischer weißer Mann im Alter zwischen 19 und 30 Jahren zum Zeitpunkt der Straftaten
- Kleidung: trug in der Regel, aber nicht immer, ein Kopftuch oder eine Skimaske aus Stoff (verschiedene Farben), dunkle Kleidung und Handschuhe

- Tatortpräferenzen: gehobene
Wohngegenden; Schlafzimmer/Bet-
ten; Dunkelheit.

- Erkennungsmerkmale: möglicherweise
Tätowierung eines Stiers auf dem
linken oder rechten Unterarm; kleiner
Penis. Es gibt Diskrepanzen bei der
Haarfarbe und -länge, obwohl
mehrere Zeugen sie als hell und
schulterlang beschrieben.

- Augen: blau oder haselnussbraun

- Größe: zwischen 1,70 m und 1,80 m

- Intellekt: Kenntnisse über polizeiliche
Verfahren und verschiedene Arten
von Sicherheitsvorkehrungen (z. B.
Vermeidung von Sicherheitssystemen
und Schlössern bzw. Fähigkeit, diese
zu deaktivieren)

- Tötungsmethoden: Erschlagen mit
Haushaltsgegenständen (z. B. Kamin-
scheit, Rohrzange oder anderen nicht
wiedergefundenen stumpfen Gegenständen); Erschießen im Stil einer
Hinrichtung, insbesondere bei

Personen, die er nicht unter Kontrolle zu haben glaubte.

- Sonstiges: manchmal in Begleitung eines deutschen Schäferhundes.
- Sexuelle Tendenzen: Trotz des Vorhandenseins von Sperma wurden nicht alle Opfer sexuell missbraucht.
- Schuhgröße/Schuhtyp: 9-91/2; Tennisschuhe; Militärstiefel; Wanderschuhe
- Stimme: hoch und rau; sprach mit zusammengebissenen Zähnen
- Waffen und Werkzeuge: in der Regel bewaffnet mit einer Taschenlampe, einer Handfeuerwaffe (Kaliber 38, 45 oder 357), einem Stock, einem Knüppel und/oder einem Messer. Die Opfer wurden mit Schnürsenkeln oder vorgeschnittenen Transport- oder Gardinenschnüren oder Nylonschnüren gefesselt, die der Mörder zum Tatort mitbrachte.
- Gewicht: 150 bis 170 Pfund.

Die EAR/ONS-Verbrechen in Goleta begannen am 1. Oktober 1979. Das erste Verbrechen geschah im Haus von Abraham Himmel und Jennifer Horniek. Die beiden 33-jährigen Computerprogrammierer wurden um 2 Uhr nachts durch eine Taschenlampe im Gesicht geweckt und in getrennten Räumen gefesselt. Horniek wurde gefesselt und auf den Boden des Wohnzimmers gelegt, wobei ihre Tennisshorts als Augenbinde dienten. Himmel wurde gefesselt und im Schlafzimmer zurückgelassen. Während der Eindringling vor sich hinmurmelte und in der Küche nach Gegenständen kramte, konnte Horniek ihre Füße losbinden und schreiend zur Haustür hinauslaufen. In dem Durcheinander hüpfte Himmel in den Hinterhof und versteckte sich hinter einem Baum. Ein Augenzeuge beschrieb den Verdächtigen als einen schlanken Mann, der auf einem Fahrrad davonfuhr. Beide Opfer kamen körperlich unverletzt, aber schwer erschüttert davon. Es war das erste von drei Verbrechen in derselben Gegend. Die Polizei ging später davon aus, dass es sich bei dem Angriff um einen Testlauf oder einen Übungsmord handelte, der schief gelaufen war.

Der zweite Anschlag in Goleta fand am 30. Dezember 1979 statt, weniger als eine halbe Meile vom ersten entfernt. Bei den Opfern handelte es sich um den Chirurgen Dr. Robert Offerman (44 Jahre) und seine 35-jährige Freundin, die Psychologin Debra Alexandria Manning. Beide wurden nackt und mit auf dem Rücken gefesselten Händen im Hauptschlafzimmer gefunden - Manning auf dem Wasserbett und Offerman auf den Knien auf dem Boden. Manning war mit einer Kaliber-.38-Pistole einmal in den Hinterkopf geschossen worden; Offerman hatte drei Schusswunden im Rücken und eine Schusswunde in der Brust. An der Tür und den Fensterbänken befanden sich Einbruchsspuren, und in der Wohnung wurden Abdrücke von Tennisschuhen der Größe 9 gefunden. Um Offermans Handgelenk war eine abgeschnittene Nylonschnur gebunden, und die Polizei stellte später fest, dass der Verdächtige von einem Hund begleitet wurde. Im schlammigen Hinterhof wurden große Hundespuren gefunden. Bevor er das Haus verließ, ging der Verdächtige zum Kühlschrank, aß die Reste des Weihnachtstruthahns des Paares und warf die Überreste auf der Terrasse weg. Der Gerichtsmediziner setzte den Todeszeitpunkt für beide Opfer auf 3 Uhr morgens fest.

Am Tag vor den zweiten Morden in Goleta gab es außerdem fünf Einbrüche im Gebiet Goleta. Bei vier dieser Einbrüche wurden Glasschiebetüren aufgehebelt. An einem der Tatorte kehrte eine Familie nach Hause zurück und musste feststellen, dass ihr Hund zu Tode geprügelt worden war.

Goleta Verbrechen Nummer drei ereignete sich am 26. Juli 1981. Bei den Opfern handelte es sich um Gregory Sanchez (27 Jahre) und Cheri Domingo (35 Jahre), die getötet wurden, als sie in der Nähe der Offerman-Wohnanlage ein Haus bewohnten. Beide Opfer waren nackt, Domingo auf dem Bett und Sanchez in der Nähe des Schlafzimmerschranks. Domingo starb durch einen einzigen Schlag mit stumpfer Gewalt auf den Kopf. Sanchez wurde ins Gesicht geschossen, was jedoch keine tödliche Wunde darstellte. Anschließend erlitt er 24 stumpfe Verletzungen am Kopf. Es gab keine

Hinweise auf ein gewaltsames Eindringen, aber ein kleines Fenstergitter war entfernt worden. Mehrere Nachbarn berichteten, den Verdächtigen früher am Abend mit einem deutschen Schäferhund gesehen zu haben. Die Beschreibung passte auf viele Beschreibungen, die im Laufe der Jahre von EAR/ONS abgegeben wurden.

DNA-Analysen, die 2011 durchgeführt wurden, stimmten mit Beweisen aus allen drei Verbrechen in Goleta sowie mit zwei Morden in Ventura und zwei Morden in Laguna Niguel überein. Alle Verbrechen werden mit demselben Verdächtigen in Verbindung gebracht - EAR/ONS, dessen DNA auch an den Tatorten von Dutzenden von sexuellen Übergriffen im ganzen Bundesstaat gefunden wurde.

Wenn es sich bei diesem Serientäter, wie viele glauben, auch um den Visalia Ransacker handelt, dann begann seine Verbrechensserie tatsächlich im April 1974. In jenem Monat kam es in der Stadt Visalia in Kalifornien - etwa 240 Meilen südlich von Sacramento - zu einer Reihe ungewöhnlicher Einbrüche in Häuser. In jedem Fall wurde das Haus durchwühlt, aber es wurde nur sehr wenig Wertvolles gestohlen. Bei späteren Verbrechen verlangte er ausdrücklich Geld und Schmuck, aber er verzichtete im Allgemeinen auf Bargeld und konzentrierte sich mehr auf sentimentale Gegenstände wie Ringe oder Familienfotos als Souvenirs. Zwischen dem 6. April 1974 und dem 31. August 1975 ereigneten sich etwa 85 dieser seltsamen Einbrüche, bei denen niemand ernsthaft verletzt oder getötet wurde.

In der Nacht des 11. September 1975 versuchte ein unbekannter Mann, ein junges Mädchen aus einem Haus im Süden von Visalia zu entführen, und erschoss bei der Konfrontation ihren Vater, den Journalismusprofessor Claude Snelling vom College of the Sequoia. Obwohl der Entführungsversuch und die Ermordung von Snellings Vater nicht mit dem Ransacker von Visalia in Verbindung gebracht werden konnten, ergaben die Spuren am Tatort einen Zusammenhang. Nach dieser Abweichung im Verhaltensmuster des Ransackers wurden die scheinbar harmlosen Hauseinbrüche für etwa drei Monate wieder aufgenommen (etwa 10 weitere Verbrechen). Am 10. Dezember 1975 kehrte der Ransacker in die Gegend seiner früheren Verbrechen zurück und wurde von einem Polizeibeamten angesprochen, der die Häuser in der Straße überwachen sollte. Aufgeschreckt durch den Polizisten schoss der Ransacker auf ihn, verletzte ihn aber nicht und entkam über einen Hinterhofzaun.

1977 arbeitete das Visalia Police Department mit dem Sacramento County Sheriff's Department zusammen, in der Hoffnung, Verbindungen zwischen einer Serie von 23 gewalttätigen Vergewaltigungen in Sacramento zu finden, die zwischen der Ermordung von Professor Snelling und der Erschießung des Detectives in Visalia stattfanden. Obwohl die Personenbeschreibungen des Mannes und die angewandten Methoden sehr ähnlich waren, gab es zu diesem Zeitpunkt keine DNA-Analyse, und eine Verbindung zu den zunehmenden Gewaltverbrechen konnte nicht bestätigt werden. Bis die Verbrechensserie des Ransackers endete - oder zu weiteren Gewaltverbrechen eskalierte - hatte er mehr als 120 Einbrüche in Wohnungen begangen.

In der Hoffnung auf eine Übereinstimmung mit den Einbrüchen in Visalia, den Morden in Goleta und Irvine und vielen anderen ungelösten Gewaltverbrechen, die seit 1977 in ganz Kalifornien begangen wurden, versuchten Ermittler des Orange County Sheriff's Department (im Jahr 2000), DNA-Proben von 60 Insassen der Todeszelle in San Quentin zu erhalten. Der Versuch scheiterte im Januar 1997 an einer einstweiligen Verfügung des Sacramento Superior Court, die die Behörden daran hindert, Proben von kalifornischen Häftlingen im Todestrakt zu sammeln. Gegen die einstweilige Verfügung wurde mehrfach Berufung eingelegt, sie bleibt jedoch in Kraft.

Nachdem DNA-Tests im Jahr 2001 die EAR/ONS mit sechs Morden in Südkalifornien in Verbindung brachten, die zwischen 1980 und Mai 1986 begangen worden waren, veröffentlichte das Orange County Sheriff's Department einen FBI Violent Criminal Apprehension Program (VICAP) Alert mit konkreten Verdächtigeninformationen. Der Alarm führte zu keiner konkreten Spur.

Die kalifornischen Wähler haben 2004 eine Initiative angenommen, die die Entnahme von DNA-Proben von allen Personen vorschreibt, die wegen einer Straftat festgenommen oder verurteilt wurden. Die Datenbank könnte irgendwann eine Übereinstimmung mit EAR/ONS ergeben, aber es gibt viele Tausende von Proben, die noch nicht eingegeben wurden.

Die Ermittler des Sheriffs von Santa Barbara County untersuchten 2011 erneut Beweise von zahlreichen EAR/ONS-Tatorten und setzten neue Technologien ein, um Spuren von Farbe zu isolieren. Die Farbe wird nun mit mindestens zwei der Vergewaltigungen und einem der Morde in Verbindung gebracht, darunter der Doppelmord von 1981 in Goleta. Die Behörden gehen davon aus, dass es sich bei dem Täter um einen Maler handelt, der auf der Baustelle des Calle Real Shopping Center in Goleta gearbeitet hat - ein Projekt, das an einen Bauunternehmer aus Sacramento vergeben wurde. Im September 2013 wurden diese Informationen an die Medien weitergegeben, in der

Hoffnung, dass jemand Kenntnisse über das Projekt und seine Arbeiter hat.

Seit 2014 sind mehrere Blut-, Sperma- und Haarproben für EAR/ONS in den Akten, aber das DNA-Profil stimmt mit keinem bekannten Datensatz überein. Wenn der Mörder noch am Leben ist, wäre er zwischen 60 und 70 Jahre alt.

HONOLULU-WÜRGER

Von Mai 1985 bis April 1986 wurde die normalerweise ruhige Küste von Oahu, Hawaii, von einer Reihe von Morden terrorisiert. Die Verbrechensserie begann und endete abrupt, aber bevor sie zu Ende war, waren fünf Frauen tot. Die Polizei von Honolulu, die an die Kriminalität in Großstädten gewöhnt, aber auf einen Serienmörder völlig unvorbereitet war, richtete eine 27-köpfige Sondereinheit ein und holte sich Unterstützung vom FBI, um ein Profil des Mörders zu erstellen. Die hawaiianischen Behörden zogen auch die erfahrene Green River Task Force zu Rate, die etwa zur gleichen Zeit eine Reihe von Morden untersuchte. Der

William Webb | 133

Green River Killer wurde schließlich gefasst und zu lebenslanger Haft verurteilt, der Honolulu Strangler nicht.

Mit Hilfe der Behavioral Science Unit des Federal Bureau of Investigation entwickelte die Polizei von Honolulu ein Profil des Honolulu Strangler, das sich auf kaukasische Männer zwischen Ende dreißig und Anfang vierzig konzentrierte, die in der Nähe des Flughafens von Honolulu lebten oder arbeiteten. Die Profiler gingen auch davon aus, dass es sich bei den Morden um Gelegenheitsverbrechen handelte - Frauen allein, ungeschützt, in exponierter Lage - und dass der Mörder sie vor der Tat nicht beobachtete oder verfolgte. In Anbetracht der möglichen Motive des Mörders fügte das FBI hinzu, dass der Angreifer möglicherweise Probleme in seiner Beziehung zu einer Frau oder Freundin hatte.

Augenzeugenberichten zufolge soll der Mörder auch einen hellen Lieferwagen mit einem Schriftzug an den hinteren Türen gefahren haben.

Die von den Opfern entnommenen Spermaproben enthielten wenige oder gar keine Spermien, was darauf schließen lässt, dass der Verdächtige wahrscheinlich eine Vasektomie hatte.

Es gab sowohl Ähnlichkeiten als auch Unterschiede zwischen den Verbrechen. Alle fünf wurden mit auf dem Rücken gefesselten Händen erwürgt und alle wurden in der Nähe des Wassers gefunden. Obwohl die Details der fünf Verbrechen nicht vollständig sind, wird angenommen, dass alle fünf Opfer sexuell missbraucht wurden.

Die fünf Frauen waren nicht nur weiß, sondern ähnelten sich auch äußerlich nicht, was darauf hindeutet, dass der Angreifer die Opfer nicht aufgrund ihrer Statur, Haarfarbe oder ihres Alters auswählte. Raub scheint kein Motiv gewesen zu sein, und keine der Frauen hatte eine Verbindung zu den anderen.

Der erste Tote: 30. Mai 1985: Vicki Gail Purdy, 25 Jahre alt, trug noch immer den gelben Overall, den roten Gürtel und den Schmuck, den sie am Abend zuvor in einem Club in Waikiki mit Freunden getragen hatte, und war das erste Opfer des Honolulu Strangler. Die Frau eines Armeehubschrauberpiloten wurde zuletzt am 29. Mai gegen Mitternacht auf dem Parkplatz des Shorebird Hotels gesehen. Als sie auf wiederholte Pagernachrichten nicht reagierte, suchte ihr Ehemann nach ihrem Auto und fand es schließlich am nächsten Morgen verlassen auf dem Parkplatz des Hotels. Das Auto war frisch verbeult - vielleicht die Methode, mit der der Mörder seine Opfer konfrontiert. Wenige Stunden später fand man ihre erwürgte Leiche an einer Böschung der Keehi-Lagune, die Hände auf dem Rücken gefesselt. Da sie keine Vorstrafen hatte und das erste Opfer war, ging die Polizei zunächst davon aus, dass der Mord mit ihrem Job in einer Videothek zusammenhing, wo im Jahr zuvor zwei Frauen erstochen worden waren.

Körperliche Beschreibung: Blondes Haar, 1,70 m groß, etwa 135 Pfund.

Wohnort: Mililani

Jüngste Tote: 15. Januar 1986: Regina Sakamoto war eine 17-jährige Schülerin der Leilehua High School. Am Morgen ihres

Verschwindens verpasste sie den Bus zur Schule. Da sie wusste, dass sie sich verspäten würde, rief sie ihren Freund gegen 7:15 Uhr von einer Telefonzelle aus an und wurde nie wieder gesehen. Die Leiche des jungen Mädchens wurde am nächsten Tag ebenfalls in der Keehi-Lagune in der Nähe der Riffpiste des Flughafens von Honolulu gefunden. Sakamoto trug ein blaues Tanktop und ein weißes Sweatshirt, war aber von der Taille abwärts nackt. Die Ermittler stellten fest, dass sie vergewaltigt und erwürgt worden war und dass ihre Hände auf dem Rücken gefesselt waren. Sakamoto war die jüngste der fünf Verstorbenen. Die Ähnlichkeit der Morde an Purdy und Sakamoto ist der Polizei von Honolulu nicht entgangen, aber sie dachte noch nicht an einen möglichen Serienmörder.

Körperliche Beschreibung: Dunkelblondes Haar, 1,80 m groß, etwa 100 kg schwer.

Wohnort: Waipahu

Das dritte Opfer: 1. Februar 1986: Das dritte Opfer des Honolulu Stranglers war Denise Hughes, 21 Jahre alt. Hughes war die Frau eines Seemanns aus Pearl Harbor und arbeitete als Sekretärin bei einer Fernsprechgesellschaft. Wie Sakamoto benutzte auch Hughes den Bus für den Weg zur und von der Arbeit. Da es ihr unangenehm war, lange Zeit allein zu warten, ging sie kurz vor Ankunft des Busses zur Haltestelle in Pearl City. Es ist wahrscheinlich, dass sie dort entführt wurde. Als sie am Morgen des 30. Januar 1986 untypischerweise nicht zur Arbeit erschien, wurde Hughes als vermisst gemeldet. Am 1. Februar entdeckten drei Jugendliche, die im Moanalua Stream angelten, ihre in eine blaue Plastikplane eingewickelte Leiche; sie trug ein blaues Kleid und war erwürgt und sexuell missbraucht worden; ihre Hände waren auf dem Rücken gefesselt.

Am 5. Februar wurde der Polizei von Honolulu klar, dass ein Serienmörder sein Unwesen treibt, und sie richtete eine Task Force zur Untersuchung der Verbrechen ein.

Körperliche Beschreibung: Gelocktes, braunes, schulterlanges Haar; 1,80 m groß, etwa 80 kg schwer.

Wohnort: Perlenstadt

Das vierte Opfer: 2. April 1986: In der Nacht des 26. März 1986 kam Louise Medeiros, 25

Jahre alt, nach ihrer Rückkehr von Kauai, wo sie zur Testamentseröffnung ihrer Mutter gewesen war, am Flughafen von Honolulu an und ging zu einer Bushaltestelle. Zwischen dem Flughafen und ihrem Haus in Waipahu verschwand das vierte Opfer des Honolulu-Würgers. Die arbeitslose, alleinerziehende Mutter war von Familienmitgliedern gewarnt worden, nachts nicht mit dem Bus zu fahren, doch die Warnungen blieben unbeachtet. Am 2. April wurde Medeiros' Leiche von Straßenbauarbeitern unter einer Autobahnüberführung in Waipahu und in der Nähe des Waikele Stream gefunden. Sie war nur mit der rot-weiß geblümten Bluse bekleidet, die sie im Flugzeug aus Kauai getragen hatte, und war durch Strangulation und Vergewaltigung ermordet worden. Wie bei den ersten drei Opfern waren ihre Hände hinter dem Rücken gefesselt. Sie war im dritten Monat schwanger.

Nach diesem Mord führte die Polizei von Honolulu eine Reihe von verdeckten Ermittlungen durch, bei denen verdeckte Polizistinnen eingesetzt wurden. Die Tatorte befanden sich in der Nähe des Flughafens und

der Keehi-Lagune, aber die Mordserie war
noch nicht zu Ende. Die Polizei von Honolulu
setzte eine Belohnung in Höhe von 25.000 Dollar aus, die von örtlichen Geschäftsleuten
gesponsert wurde, aber nicht in Anspruch genommen wurde.

Körperliche Beschreibung: 1,80 m groß,
etwa 90 Pfund.

Wohnort: Waipahu

Die letzte Tote: 3. Mai 1986: Linda Pesce, 36
Jahre alt, war das letzte bekannte und älteste
Opfer des "Honolulu Stranglers". Gegen 18.30
Uhr am Abend des 29. April verließ Pesce ihren
Arbeitsplatz als Vertriebsmitarbeiterin bei der
McCaw Telepage Company in Kakaako, kam
aber nie zu Hause an. Am nächsten Morgen
meldete ihre Mitbewohnerin sie als vermisst,
und am Nachmittag fand die Polizei ihr Auto,
das in der Nähe des Flughafens auf dem Nimitz
Highway-H1-Viadukt geparkt war. Ihr Auto
wurde am Abend zuvor um 19 Uhr an der
gleichen Stelle und mit eingeschalteten Warnblinkern gesehen. Ein weißer Mann und ein heller Lieferwagen mit Schriftzügen an den
hinteren Türen wurden mit dem Opfer

gesehen. Die nackte Leiche von Pesce wurde am 3. Mai auf Sand Island gefunden. Wie bei den anderen Opfern war sie sexuell missbraucht und mit auf dem Rücken gefesselten Händen erwürgt worden.

Anders als bei den ersten vier Opfern wurde die Leiche von Linda Pesce nicht versehentlich von Fremden gefunden. Stattdessen wurde die Polizei von einem Mann kontaktiert, der angab, er habe von einem Hellseher erfahren, dass sich ihre Leiche auf Sand Island befinde. Der Mann - ein 43-jähriger kaukasischer Mechaniker aus Ewa Beach - brachte die Polizei zu dem genauen Ort, den ihm das Medium genannt hatte, aber es wurde keine Leiche gefunden. Da die Polizei dem Informanten misstraute, suchte sie die gesamte Insel ab und fand schließlich Pesces Überreste in einer Entfernung von etwa 150 Metern.

Körperliche Beschreibung: Braunes Haar, 1,80 m groß, etwa 90 kg schwer.

Wohnsitz: Moanalua

Am 9. Mai, nur eine Woche nach dem Auffinden des fünften Opfers, nahm die Polizei den Informanten, der sich im Fall Pesce gemeldet hatte, fest und unterzog ihn einem etwa zehnstündigen Verhör. Er wurde auch vernommen und fiel durch. Das Verhör führte zu keinem Geständnis, aber die Polizei hielt ihn für den Serienmörder und stellte ihn unter Beobachtung. Die Polizei erhielt auch einen Durchsuchungsbefehl für sein Haus in Ewa Beach und das Frachtunternehmen am Flughafen, bei dem er arbeitete, die beide innerhalb des Mordgebiets lagen. Die Ermittler fanden keine Beweise, die ihn mit den Verbrechen in Verbindung bringen.

Während der Beobachtung wurde der Mann - dessen Name der Öffentlichkeit nicht bekannt gegeben wurde - gesehen, wie er einen hellen Lastwagen fuhr, der dem von den Augenzeugen von Pesce beschriebenen ähnelte. Er wurde auch dabei beobachtet, wie er den Schriftzug von den hinteren Türen entfernte. Die Frau, die im Fall Pesce als Augenzeugin auftrat, konnte den Verdächtigen auf einem Foto erkennen, verweigerte aber aus Angst um ihre Sicherheit die Aussage.

Befragungen der Ex-Frau und der Freundin des Mannes ergaben, dass er ihnen bei sexuellen Handlungen häufig die Hände auf den Rücken fesselte, und zwar auf die gleiche Weise wie den fünf Opfern. Die Freundin gab außerdem an, dass sie in jeder der Nächte, in denen die Frauen ermordet wurden, mit dem Verdächtigen gestritten und er das Haus verlassen hatte - möglicherweise der Auslöser für die Morde.

Nach dem Mord an Pesce waren keine weiteren Morde bekannt, bei denen die gleichen Methoden angewandt wurden. Trotz der vielen Indizien, die gegen den Verdächtigen vorlagen, war die Staatsanwaltschaft von Honolulu nicht der Ansicht, dass genügend Beweise vorlagen, um ihn wegen der fünf Morde zu verhaften oder anzuklagen. Kurz nach seiner Vernehmung verließ der Verdächtige Hawaii, aber als möglicher Serienmörder wurde sein Aufenthaltsort von der Polizei in Honolulu bis zu seinem Tod im Jahr 2005 weiter überwacht. Die Ermittler hofften, DNA-Proben zu erhalten, um den Verdächtigen mit den Verbrechen in Verbindung zu bringen, aber die Ergebnisse dieser Bemühungen sind nicht bekannt.

MARY S. SHERMAN

Mary Stults Sherman wurde am 21. April 1913 in Evanston, Illinois, geboren und starb am 21. Juli 1964 in New Orleans, Louisiana. Sherman schloss 1941 ihr Medizinstudium ab und wurde 1952 zur Laborleiterin an der renommierten Ochsner Clinic Medical Foundation in New Orleans ernannt. Dass Dr. Sherman eine brillante Wissenschaftlerin und Krebsforscherin war, ist unbestritten. Die Umstände, die ihre Arbeit und ihren bizarren Tod begleiteten, sind eine ganz andere Sache und voller ungelöster Fragen, Verschwörungsgeschichten und möglicher Verbindungen zur Ermordung John F. Kennedys. Sowohl die Vorgeschichte von Shermans Jahren in New Orleans als auch ihr vorzeitiger Tod enthalten spekulative Informationen, die nicht bewiesen sind.

Bereits in den 1940er Jahren untersuchte Dr. Mary Sherman Viren und veröffentlichte wissenschaftliche Arbeiten über ihre Forschungen. Sie interessierte sich besonders für botanische Viren, die in Böden leben. Nachdem Sherman ihre Facharztausbildung in orthopädischer Chirurgie an der Universität von Chicago abgeschlossen hatte (1947), lud Dr. Alton Ochsner sie ein, als Partnerin in seine renommierte Klinik in New Orleans einzutreten und stellte ihr ein eigenes Krebslabor zur Verfügung. Angesichts des guten Rufs von Dr. Ochsner und seiner Einrichtung zögerte sie nicht lange und gehörte bald zum Personal mehrerer örtlicher Krankenhäuser und zur Fakultät der Tulane Medical School. Sherman erwarb sich schnell den Ruf einer hervorragenden Forscherin und wurde zur Vorsitzenden des Pathologieausschusses der American Academy of Orthopedic Surgeons ernannt. Bis zu ihrem Tod im Jahr 1964 spezialisierte sich

Sherman auf Krebserkrankungen der Knochen und Weichteile.

Es gibt Leute, die glauben, dass Dr. Mary Sherman und ein Mitarbeiter, David Ferrie, der in einer zweiten medizinischen Einrichtung in New Orleans arbeitete, mehr als nur medizinische Routineforschung betrieben. Es wird angenommen, dass beide an geheimen Projekten arbeiteten, vielleicht für die Central Intelligence Agency oder andere US-Geheimdienste. Die Anhänger dieser Theorie gehen davon aus, dass Sherman und Ferrie einen Impfstoff entwickelten, um eine Epidemie von Weichteilkrebs bei Menschen zu verhindern, die durch einen mit dem Simian Vacuolating Virus 40 (SV-40) kontaminierten Polio-Impfstoff ausgelöst wurde.

In den ersten Jahren der Entwicklung des Polio-Impfstoffs wurden Nierenzellen von Affen verwendet, und es wurde festgestellt, dass Kulturen dieser Zellen (angeblich) SV-40 enthielten. Während es in den Affen selbst weitgehend inaktiv war, wurde schließlich entdeckt, dass SV-40 eine Vielzahl von Tumoren erzeugen konnte, insbesondere bei

146 | Mit Mord davonkommen

Personen (Tiere oder Menschen) mit geschwächtem Immunsystem. Diese Theoretiker glauben außerdem, dass das kontaminierte Serum erst entdeckt wurde, als die Hälfte bereits an die Öffentlichkeit abgegeben worden war. Da die Hersteller des Impfstoffs das Problem nicht zugeben wollten, verteilten sie angeblich auch die zweite Hälfte - insgesamt etwa 100 Millionen Dosen. Die in den Jahren nach der Verabreichung des kontaminierten Impfstoffs erhobenen Daten über das Auftreten von Krebserkrankungen zeigten offenbar einen dramatischen Anstieg von Weichteilkrebs und deuteten darauf hin, dass das Virus auch an nachfolgende Generationen weitergegeben werden könnte.

Die Aufgabe von Sherman und Ferrie bestand darin, das Virus mit Hilfe eines Teilchenbeschleunigers zu mutieren und unschädlich zu machen, aber stattdessen wurde das Virus viel aggressiver. Da das mutierte Virus die Auswirkungen des kontaminierten Polioimpfstoffs nicht ausgleichen konnte, testeten die Forscher das Serum angeblich an einer Gruppe von Insassen eines Gefängnisses in Louisiana, um seine Tödlichkeit zu bestimmen. Die Ergebnisse des Tests zeigten angeblich, dass das neue transmutierte Virus einen Menschen innerhalb von 28 Tagen töten würde und als geheime Waffe eingesetzt werden könnte, die im Wesentlichen nicht auffindbar wäre. Wie von mehreren Verschwörungstheoretikern vorgeschlagen, war das Ziel für diese neue Viruswaffe Fidel Castro. Einigen Berichten zufolge versorgte Mary Sherman Exilkubaner, die Castro stürzen wollten, medizinisch und unterstützte diese Bemühungen finanziell.

In den 1980er Jahren fanden Wissenschaftler eine Charge Polio-Impfstoff aus den 1950er Jahren in einer Labortruhe. Nach der Untersuchung behaupteten die Wissenschaftler, dass keine der Proben DNA-Marker aufwies, die mit bekannten Affenviren übereinstimmten, wodurch die Polio-Impfstoff-Theorie widerlegt wurde. Diese Behauptung ist unbestätigt.

Edward Haslams Buch Dr. Mary's Monkey: the Link between Polio Vaccines, Cancer, and JFK's Murder treibt die Verschwörungstheorien über Mary Shermans Tod noch weiter. In dem Buch nennt Haslam, der sich eingehend mit

Shermans Tod befasst hat, Lee Harvey Oswald als Leibwächter und Betreuer eines der Krebsforscher aus New Orleans (wahrscheinlich Sherman) und weist auf David Ferrie als Mitverschwörer (ein Fluchtpilot, der aufgrund seiner Jahre bei der Civil Air Patrol rekrutiert wurde) bei der Ermordung John F. Kennedys hin. Haslam glaubt ferner, dass Ferrie nach Shermans Tod dessen Forschungsarbeiten übernahm und das waffenfähige Poliovirus nach Haiti transportierte, wo es in der Folge zur Quelle der AIDS- und Weichteilkrebsepidemien der folgenden Jahrzehnte wurde. Im Jahr 1967 wurde David Ferrie tot in seiner Wohnung aufgefunden. Obwohl der Gerichtsmediziner die Todesursache als natürlich bezeichnete, waren die Umstände verdächtig. Da gegen ihn wegen seiner möglichen Rolle bei dem JFK-Attentat ermittelt wurde, deuten einige Berichte darauf hin, dass er möglicherweise Selbstmord begangen hat.

Um 4.25 Uhr am Morgen des 21. Juli 1964 wurde die Feuerwehr von New Orleans zu einem Brand in Apartment J in den Patio Apartments in der 3101 St. Charles Avenue gerufen.

Bei ihrem Eintreffen fanden die Feuerwehrleute kein aktives Feuer in der Wohnung, sondern nur den schwelenden Körper einer Frau in ihrem Bett. Die Feuerwehr erkannte sofort, dass es sich nicht um einen einfachen Fall von Rauchen im Bett handelte und rief die Polizei von New Orleans.

Im Schlafzimmer fanden die Ermittler der Mordkommission die verbrannte Leiche einer weißen Frau, die später als Dr. Mary Sherman identifiziert wurde. Wie im Bericht der Mordkommission beschrieben, war Sherman nackt und auf dem Rücken ausgestreckt. Auf ihrem Körper lagen Kleidungsstücke, von denen einige verbrannt, andere nur angesengt waren. Während ein Teil ihres Körpers stark verbrannt war, blieb das Haar auf ihrem Kopf unversehrt.

Die rechte Körperseite von Mary Sherman, von der Taille bis zur Schulter, einschließlich des rechten Arms und des Brustkorbs, fehlte vollständig (möglicherweise durch das Feuer zersetzt), und ihre inneren Organe waren sichtbar. Die linke Seite ihres Körpers war unversehrt, aber sie wies mehrere Stichwunden am linken Arm und eine weitere am rechten

Bein kurz oberhalb des Knies auf. Die Autopsie ergab eine Stichwunde im Herzen mit einem sehr dünnen Instrument, mehrere Stichwunden im Unterleib und Risswunden an den Genitalien. Der Gerichtsmediziner stellte fest, dass die Stichwunde im Herzen blutete, was darauf hindeutet, dass sie noch lebte, als die Wunde zugefügt wurde, aber es gab nur wenig Blut am Tatort. Die übrigen Stichwunden stammten von einem schwereren Messer und wiesen keine Anzeichen von Blutungen auf; sie wurden als postmortale Ereignisse registriert. Ein in der Wohnung gefundenes Fleischermesser wurde für die schwerere Waffe gehalten, wies aber keine verwertbaren Fingerabdrücke auf. Toxikologische Tests ergaben hohe Morphinwerte in Shermans Blut.

Die Eingangstür von Shermans Wohnung wurde aufgebrochen, ihre Brieftasche war leer, und ihr Auto fehlte, wurde aber später am selben Tag etwa sieben Blocks entfernt gefunden. Aus dem Auto wurde ein Handabdruck geborgen, der jedoch zu verschmiert war, um verwertbar zu sein. Es gab keine Anzeichen für einen Kampf, und die Wohnung schien nicht

durchwühlt worden zu sein, obwohl versucht
worden war, ihr Schmuckkästchen zu öffnen.
Die Nachbarn hatten nichts Ungewöhnliches
gehört oder gesehen.

Die genauen Einzelheiten zu Shermans feh-
lendem rechten Arm wurden der Öffentlichkeit
nie mitgeteilt. Verschwörungstheoretiker
beharren darauf, dass die dramatischen Verletzungen auf der rechten Seite von Shermans
Körper unmöglich durch einen kleinen
Schwelbrand verursacht worden sein können.
Sie glauben, dass sie einen nicht tödlichen Un-
fall oder einen Sabotageakt mit dem Teilchen-
beschleuniger erlitten hat und, anstatt sich in
ärztliche Behandlung zu begeben, wo man ihr
Fragen stellen würde, anschließend von einem
Kollegen ins Herz gestochen wurde (die tödliche Wunde) und spät in der Nacht in ihre
Wohnung gebracht wurde. Die postmortalen
Stichwunden und das kleine Feuer in der Mat-
ratze dienten dazu, ihre Verletzungen zu ver-
tuschen und eine Erklärung für Shermans
geheime Forschung zu vermeiden. Edward
Haslam und andere, darunter die Ermittler
Philip Coppens und Joan Mellen, sind davon

überzeugt, dass Sherman aufgrund ihrer Beziehung zu Lee Harvey Oswald und ihres Wissens über den Polio-Impfstoff, das JFK-Attentat und den Plan zur Ermordung Castros zum Schweigen gebracht wurde.

Zum Zeitpunkt ihres Todes und bis heute hat die Polizei keine Anhaltspunkte, wer Mary Sherman getötet hat.

MORD AN DER FAMILIE MCSTAY

In den ersten Monaten des Jahres 2010
sorgte das Verschwinden der Familie McStay
aus Fallbrook, Kalifornien, für Schlagzeilen im
ganzen Land. Auf Ersuchen eines Freundes der
Familie begaben sich 6 Tage nach dem
Verschwinden der Familie Abgeordnete des
Sheriffs von San Diego County zu dem Haus,
um es zu untersuchen. Da sie nichts
Verdächtiges fanden, zogen sie ab. Drei Tage
später kletterte der Bruder des vermissten Vaters durch ein unverschlossenes Fenster in das
Haus und rief in der Befürchtung, das

Schlimmste sei eingetreten, erneut die Hilfskräfte. Elf Tage, nachdem die Familie das letzte Mal gesehen oder gehört worden war, kehrten die Beamten zu dem Haus zurück. Sie fanden keine Anzeichen für ein gewaltsames Eindringen oder einen Kampf, aber verdorbene Lebensmittel auf dem Küchentisch und unbeaufsichtigte Haustiere im Garten zeigten, dass die Familie das Haus in Eile verlassen hatte.

Im November 2013 fand ein Motorradfahrer in der Wüste bei Victorville, Kalifornien, zwei flache Gräber. Die gerichtsmedizinische Untersuchung ergab, dass die Überreste von allen vier vermissten Familienmitgliedern stammten.

Bis zum Abend des 4. Februar 2010 schienen Joseph und Summer McStay und ihre beiden kleinen Söhne Gianni (4 Jahre) und Joseph Jr. (3 Jahre) - zumindest nach außen hin - ein normales Leben in Südkalifornien zu führen. Die Familie war vor kurzem von einer kleinen Wohnung in San Clemente in ein größeres Haus in Fallbrook umgezogen, in der Hoffnung, es zu renovieren, weiterzuverkaufen und dann an die Küste zurückzukehren. Josephs Geschäft war der Bau und die Installation von Zierbrunnen. Das Unternehmen schien gut zu laufen und hatte gerade einen lukrativen Auslandsauftrag erhalten. Die Nachbarn in Fallbrook glaubten, die Familie sei glücklich und genieße ihr neues Leben.

Telefon- und Textnachrichten, Computerspuren und Kreditkartenbelege von dem Tag, an dem die Familie verschwand, zeigten keine Anzeichen von Stress. Summer kaufte Spielzeug für die Kinder und Geschenke für das neue Baby ihrer Schwester. Summer (43 Jahre) telefonierte an diesem Morgen mit ihrer Schwester, und Joseph (40 Jahre) besprach im Laufe des Tages mehrmals geschäftliche Angelegenheiten mit seinem Partner Chase Merritt.

Gegen Mittag fuhr Joseph mit dem weißen Isuzu Trooper der Familie nach Rancho Cucamonga zu einem Geschäftsessen mit Merritt; das Treffen dauerte etwa eine Stunde.

Um 16:25 Uhr wurde der letzte ausgehende Anruf vom Haustelefon der McStays auf Josephs Handy getätigt, und um 17:00 Uhr und 17:47 Uhr tauschten Joseph und Summer McStay Textnachrichten aus.

Aufnahmen von Sicherheitskameras, die einem Nachbarn gehören, zeigten den Isuzu Trooper, wie er um 19:47 Uhr die Straße verließ, aber die Insassen wurden nicht erfasst. Joseph benutzte sein Mobiltelefon, um Merritt gegen 20:28 Uhr anzurufen - vermutlich, um über die Arbeit zu sprechen - und die Handy-Aufzeichnungen zeigen, dass er von einem Mobilfunkmast in der Nähe der Old Bonsall Bridge anrief. Merritt gab an, dass er sich einen Film ansah und nicht an das Telefon ging.

Von niemandem aus der Familie McStay hat man je wieder etwas gehört, und sie wurden auch nie wieder gesehen. Bis zum Auffinden der Leichen behandelte das Büro des Sheriffs von San Diego County das Verschwinden der Familie McStay als Vermisstenfall, obwohl Vermisstenfälle, die eine ganze Familie betreffen, recht selten sind.

Obwohl es noch weitere gibt, werden im Folgenden die bekanntesten Theorien über das Verschwinden und den möglichen Mord an der Familie McStay beschrieben. Stand März 2014, alle Theorien sind unbewiesen. Die jüngsten Äußerungen im Internet, wonach eine Verhaftung unmittelbar bevorstehe, sind Spekulationen.

Laut Interviews, die verschiedenen Publikationen gegeben wurden, hatten die McStays möglicherweise eine Geschichte persönlicher Schulden, die bis in die 1990er Jahre zurückreichte. Die Gerüchte über die Schulden betrafen offene Rechnungen mit Verkäufern und Kunden von Josephs Unternehmen, Probleme mit geringfügigen Forderungen und mögliche Probleme mit dem Konkurs. Nach ihrem Verschwinden tauchten auch Briefe von verschiedenen Inkassobüros und der Steuerbehörde (Internal Revenue Service) auf.

Es wurde auch gemunkelt, dass der Familie die Zwangsräumung ihrer Wohnung in San Clemente drohte, weil sie immer mit der Miete im Rückstand war, obwohl sie nur zwei Monate vor ihrem Verschwinden ein Haus in Fallbrook im Wert von 320.000 Dollar gekauft hatte und 100.000 Dollar auf einem persönlichen Bankkonto hatte. Sowohl Josephs als auch Summers Eltern bestreiten, dass die Schulden mit dem Mord in Verbindung stehen. Die 100.000 Dollar auf ihrem Bankkonto sind unangetastet geblieben.

In den Monaten vor dem Verschwinden der McStays benutzte Summer den Familiencomputer, um auf verschiedenen Internetseiten nach spanischsprachiger Software zu suchen. Am 27. Januar 2010, nur 8 Tage vor ihrem Verschwinden, wurde derselbe Heimcomputer benutzt, um die Passanforderungen für Kinder, die Mexiko besuchen, zu recherchieren. Nach Angaben ihrer Schwester war Summers Reisepass abgelaufen.

Gegen 19 Uhr am Abend des 8. Februar wurden ein Mann und eine Frau, die jeweils einen kleinen Jungen an der Hand hielten und in etwa der Beschreibung von Joseph und Summer McStay entsprachen, auf körnigen Überwachungsbildern beim Überqueren der mexikanischen Grenze in San Ysidro (San Diego) gefilmt. Ihr weißer Isuzu Trooper wurde später auf dem Parkplatz eines Einkaufszentrums in San Ysidro gefunden; er stand dort seit etwa 18 Uhr in derselben Nacht. Berichten zufolge befanden sich Josephs Asthma-Medikamente im Auto - etwas, das er nach

Aussage seiner Mutter nicht zurücklassen würde - und es gab keine Kindersitze.

Die Polizei von San Diego schätzt die Wahrscheinlichkeit, dass das Filmmaterial die Familie zeigt, auf etwa 75 Prozent; Familienmitglieder bestehen darauf, dass die Gesichtszüge und die Körpersprache der vier nicht übereinstimmen. Josephs Vater ist sich auch sicher, dass die Familie zu sehr um die Sicherheit der Kinder besorgt war, um nachts mit ihren beiden kleinen Söhnen nach Mexiko zu gehen.

Die Behörden benachrichtigten Interpol, um nach der Familie in Mexiko Ausschau zu halten, und baten die mexikanischen Behörden, Flughäfen und Busbahnhöfe zu überwachen. Die Familie wurde möglicherweise von einem Restaurantangestellten in El Rosario gesichtet, der das Muttermal auf der Stirn des jüngsten Kindes genau beschrieb, aber die Identifizierung konnte nicht bestätigt werden.

Wegen möglicher internationaler Verwicklungen übergab das San Diego County Sheriff's Department den Fall McStay im April 2013 offiziell an das FBI in San Diego.

Obwohl die Behörden nach wie vor davon ausgehen, dass die Familie ihr Leben freiwillig aufgegeben hat, waren sie bereit zuzugeben, dass sie möglicherweise unschuldig nach Mexiko eingereist und dann Opfer eines Verbrechens geworden sind. Einige haben spekuliert, dass die Familie wegen eines schlechten Geschäfts verschwunden ist und später von Mitgliedern eines mexikanischen Kartells oder einer anderen kriminellen Organisation ermordet wurde; es gibt jedoch keine Beweise, die darauf hindeuten, dass die McStays irgendwelche Verbindungen zum illegalen Drogenhandel hatten.

Die Frage, wo die McStays in den vier Tagen zwischen 20.28 Uhr am 4. Februar - dem Abend ihres Verschwindens - und dem Zeitpunkt, an dem sie angeblich die Grenze am 8. Februar überquerten, waren, ist ungelöst. Einige glauben, dass die Familie bereits ermordet wurde und dass es sich bei dem Video, das sie beim Überqueren der Grenze zeigt, um eine andere Familie handelt oder dass der Grenzübertritt inszeniert war.

Obwohl es unwahrscheinlich ist, gibt es auch einige Forscher und Amateurdetektive, die glauben, dass die Familie in ein Zeugenschutzprogramm des Bundes aufgenommen wurde, nachdem sie entweder Zeuge oder Beteiligte eines wertvollen Vorfalls oder Verbrechens war. Die Gültigkeit dieser verschwörungsähnlichen Theorie würde zwangsläufig voraussetzen, dass die vier Leichen, die in den flachen Gräbern in der Nähe von Victorville, Kalifornien, gefunden wurden, inszeniert waren und nicht die McStays.

Die Überreste von Summer McStay wurden zusammen mit dem Rest der Familie gefunden. Die Verbindung zwischen Summer und dem Verbrechen ist bestenfalls dürftig, aber verschiedene Ermittler haben einige interessante Fragen zu ihrem Hintergrund aufgeworfen. Im Laufe der Jahre war sie unter mindestens sechs Pseudonymen bekannt. Außerdem behauptete sie, 10 Jahre jünger zu sein als sie tatsächlich ist. Sowohl Chase Merritt als auch Richard (Rick) Baker, ein ehemaliger Radiomoderator aus San Diego, der die Familie kannte, erklärten, Summer sei jähzornig gewesen, und Merritt schrieb in einem kürzlich erschienenen Buch, Joseph habe an einer unerklärlichen Krankheit gelitten und geglaubt, Summer habe ihn vergiften wollen.

Die Behörden haben zwar keine Beweise dafür, dass Summer in das Verschwinden oder den Tod ihrer Familie verwickelt war, räumen aber ein, dass einige der Informationen über ihre Vergangenheit für das Verbrechen relevant sein könnten. Ihre Familie besteht darauf, dass sie einfach eine schrullige Persönlichkeit hatte.

Die erste Person, die die McStays als vermisst meldete, und das letzte bekannte Nicht-Familienmitglied, das Joseph lebend sah, war Josephs Geschäftspartner, der 57-jährige Charles (Chase) Ray Merritt. Laut Josephs Vater war Merritt auch ein vertrauter Freund der Familie.

Der Metallarbeiter und Schweißer Merritt hatte zwischen 1977 und 2001 verschiedene Auseinandersetzungen mit dem Gesetz. Obwohl keines seiner Verbrechen gewalttätig war, gehören dazu Einbruchdiebstahl (zwei Anklagen), Hehlerei (drei Anklagen), Bagatelldiebstahl (eine Anklage), Hausfriedensbruch (eine

Anklage), schwerer Diebstahl (eine Anklage)
sowie mehrere Verstöße gegen die
Bewährungsauflagen und Vorladungen wegen
Fahrens mit einem ausgesetzten Führerschein.
Einige der Straftaten führten zu Verurteilungen
wegen Schwerverbrechen und zu Gefängnis-
strafen. Da Merritt längere Zeit in der Gegend
von Victorville gelebt hat, ist er auch mit der
Stelle vertraut, an der die Gräber gefunden
wurden.

In Theorie 4 wird die Möglichkeit in Betracht
gezogen, dass Merritt allein oder zusammen
mit anderen für dieses Verbrechen verantwortlich sein könnte, obwohl das Motiv unklar ist.
Merritt wurde von den Behörden befragt und
einem Lügendetektortest unterzogen, den er
bestand. Er bestreitet eine Beteiligung und
wurde nicht als Verdächtiger in diesem Fall
genannt. Seit März 2014 ist die Familie McStay
bereit, Merritt im Zweifelsfall zu entlasten - vor
allem wegen der engen Beziehung, die er zu
Joseph hatte.

Im Jahr 2004 und vor ihrer Heirat mit Joseph McStay lebte Summer Martelli mit ihrem
Freund Vick Wyatt Johansen in Big Bear Lake,

Kalifornien. Während ihres stürmischen Zusammenlebens zeigte Johansen unberechenbares Verhalten, saß einige Zeit im Gefängnis und wurde von den Gerichten aufgefordert, an einem Aggressionsbewältigungsprogramm teilzunehmen. Nach der Trennung des Paares und selbst nachdem Summer Joseph McStay geheiratet und zwei Kinder bekommen hatte, nahm Johansen weiterhin Kontakt zu ihr auf, weil er glaubte, sie sei seine wahre Seelenverwandte. Sechs Wochen vor dem Verschwinden der Familie schickte Johansen eine E-Mail an Summer, in der er ihr seine Liebe erklärte. Irgendwann zog er nach San Clemente, etwa zwei Meilen von der Wohnung entfernt, in der sie vor ihrem Umzug nach Fallbrook lebten. Am 10. Januar 2010, nur drei Wochen vor dem Verschwinden der Familie, wurde Johansen in der OC Tavern wegen Störung eines Geschäfts und Widerstand gegen Vollstreckungsbeamte festgenommen. Die Taverne befand sich direkt neben einem Bürogebäude, das Joseph McStay für sein Geschäft gemietet hatte.

Nachdem die McStays verschwunden waren, zog Johansen nach Mono County, Kalifornien, wo er eine Reihe von Straftaten beging, darunter Vandalismus, Drohungen gegen eine Bankangestellte und das Einschlagen der Fensterscheibe einer Bar in Mammoth Lakes. Nachdem er einige Zeit im Mono County-Gefängnis in Bridgeport verbracht hatte, wurde Johansen auf Bewährung entlassen. Diese wurde jedoch im Juli 2013 widerrufen, nachdem er gegen die Auflagen verstoßen hatte und in dieselbe Bank zurückgekehrt war, in der er die Kassiererin bedroht hatte.

Die Mitglieder der Familie McStay halten Johansens Besessenheit von Summer, sein gewalttätiges Verhalten und seine Handlungen zum Zeitpunkt des Verschwindens der Familie für höchst verdächtig. Die Behörden wissen von Johansen und seiner Vergangenheit, haben sich aber nicht dazu geäußert.

Daniel Kavanaugh war der Webmaster für das Unternehmen von Joseph McStay. Seine Aufgabe war es, mit seinen Internetkenntnissen die Besucherzahlen auf Josephs Website zu steigern. Zum Zeitpunkt des Verschwindens der McStays befand sich Kavanaugh auf Hawaii in einem Surfurlaub. Berichten zufolge haben

166 | Mit Mord davonkommen

ihn viele Leute dort gesehen, und ein Online-Reiseplan zeigt ihn vom 4. Januar bis zum 17. Februar 2010 auf Oahu.

Um das Unternehmen nach Josephs Verschwinden am Laufen zu halten, gibt Kavanaugh zu, dass er kurz nach dem Verschwinden der Familie große Geldbeträge von dem Geschäftskonto auf sich selbst überwiesen hat. Die Abhebungen begannen am 6. Februar - nur zwei Tage nach dem Verschwinden der Familie, aber bevor sie als vermisst gemeldet wurde - und endeten im März 2010, als das Konto von der Bank eingefroren wurde. Kavanaugh besteht darauf, dass die Abhebungen mit dem Einverständnis von Josephs Bruder und Mutter erfolgten und dass das gesamte Geld an verschiedene Lieferanten ging. E-Mails, die in den ersten Tagen von Josephs unerklärlicher Abwesenheit an ihn geschickt wurden, wurden später wiedergefunden und bestätigten die Geldüberweisungen - insgesamt etwa 24.000 Dollar.

Im Juli 2011 verkaufte Kavanaugh Josephs Unternehmen, wozu er nach Aussage von Josephs Vater nicht befugt war. Kavanaugh widerspricht dem und erklärt, Joseph sei die Galionsfigur des Unternehmens gewesen, aber er [Kavanaugh] habe das Geschäft tatsächlich aufgebaut.

Öffentlichen Aufzeichnungen zufolge hatte Kavanaugh bereits Scharmützel mit dem Gesetz. Obwohl er behauptet, kein gewalttätiger Mensch zu sein, wurde er im August 2011 wegen fünf Vergehen häuslicher Gewalt angeklagt und im Juli zu drei Jahren auf Bewährung verurteilt. Im Juli 2013 wurde er wegen schwerer häuslicher Gewalt angeklagt, erhielt jedoch im Rahmen einer Vereinbarung eine formale Bewährungsfrist, die noch immer läuft. Er nimmt auch an gerichtlich angeordneten Kursen zu häuslicher Gewalt teil.

Daniel Kavanaugh bestreitet jede Verwicklung in den Fall McStay und wurde nicht als Verdächtiger genannt.

Einige Monate vor ihrem Verschwinden erstattete Summer beim Jugendamt Anzeige wegen Kindesmisshandlung gegen Josephs ältesten Sohn Jonah und seinen Stiefvater Michael McFadden. Als die Anzeige erstattet wurde, wurden Joseph und Summer Berichten zufolge von McFadden bedroht.

McFadden hat eine kriminelle Vergangenheit. Im Jahr 1998 wurde er angeklagt, weil er eine Freundin in Orange County, Kalifornien, brutal zusammengeschlagen hatte. Die Anklage umfasste acht Straftaten, darunter versuchter Mord, Einbruch und Körperverletzung mit Gewaltanwendung und der Absicht, schwere Körperverletzungen zu begehen. Im Jahr 2000 bekannte sich McFadden auch zweier weiterer Straftaten schuldig, darunter terroristische Drohungen und Körperverletzung, für die er 15 Monate im Gefängnis saß.

Die CPS-Untersuchung wurde eingestellt, nachdem die Familie verschwunden war. Da es keine anderen lebenden Erben gibt, wäre Jonah der erste in der Reihe, der den Nachlass der McStays erbt.

McFadden wurde nicht als Verdächtiger im Fall des Verschwindens oder Mordes an McStay genannt. Er streitet jede Beteiligung ab.

Als die Leichen der Familie McStay im November 2013 gefunden wurden, wurden der

Fall und alle zugehörigen Akten an die Mordkommission des San Bernardino County Sheriff's Department übergeben, wo er weiterhin
ungelöst, aber aktiv ist. Die Mitarbeiter von
San Diego und des FBI werden den Fall bei Be-
darf weiterhin unterstützen.

Die genaue Mordmethode für jeden der
McStays ist unbekannt und die Autopsieakten
sind versiegelt. Die Behörden gaben lediglich
an, dass die Leichen über einen längeren
Zeitraum vergraben waren und dass es am Tatort weitere Beweise gab, die für die Ermittlungen von Nutzen sein könnten.

Josephs Vater, der die früheren Jahre der
Ermittlungen lautstark kritisiert hat, glaubt,
dass die Familie von kaltblütigen Auftragskil-
lern ermordet wurde, oder von Personen, die
wussten, dass die Familie - einschließlich der
Kinder - sie identifizieren könnte.

Das Geheimnis um das Verschwinden und
den Mord an der Familie McStay wurde in den
Sendungen America's Most Wanted, Disap-
peared und Nancy Grace behandelt.

PERLE EATON

Sie waren als die Broadway Eatons bekannt. In den ersten beiden Jahrzehnten des zwanzigsten Jahrhunderts wurden sechs der sieben talentierten Eaton-Kinder aus Virginia zu hoch angesehenen Bühnenkünstlern. Drei der Mädchen, Mary, Pearl und Doris, gehörten zur Elite - sie waren auch Ziegfeld Girls.

In den 1930er Jahren waren die goldenen Tage des Broadway vorbei, die frühreifen jugendlichen Schauspieler waren erwachsen geworden, und der plötzliche Aufstieg und Fall aus dem Starruhm hatte die meisten der Eatons auf einen düsteren Weg geführt. Von den sieben sind alle bis auf eine in der

Bedeutungslosigkeit verschwunden. Pearl, diejenige mit dem meisten Elan und der größten Energie, starb allein in einer schäbigen Wohnung in Südkalifornien. Sie wurde ermordet. Bis heute weiß niemand, warum oder wer das Verbrechen begangen hat.

Charles H.S. Eaton, ein Zeitungsdrucker, und seine Frau Mary F. Eaton hatten sieben Kinder. Die Familie stammte aus Virginia und die Kinder wuchsen in den Gegenden um Portsmouth und Norfolk auf. Zwar waren alle Kinder begabt, doch fünf von ihnen - Charles, Doris, Joseph, Mary und Pearl - waren Künstler. Robert, der älteste Sohn, vermied das Showgeschäft und besaß nach einigen Jahren in der Armee ein erfolgreiches Geschäft. Die älteste Tochter, Evelyn, hatte kein Interesse daran, auf der Bühne zu stehen, sondern widmete ihr Leben dem Management der talentierten Familie und hatte drei eigene Kinder, die in den 1920er und frühen 1930er Jahren Broadway-Stars waren.

1911 wurden Pearl, Mary und Doris unter Vertrag genommen, um am Shubert Belasco Theatre in Washington, D.C. in einer

Produktion von The Blue Bird aufzutreten. Von diesem Zeitpunkt an wurden die Kinder und die Familie Eaton im Allgemeinen für ihr Talent und ihre Professionalität weithin bekannt und traten als junge Künstler regelmäßig im ganzen Land auf.

Die Ziegfeld Follies waren eine Theaterproduktion, die 1907 uraufgeführt wurde. Die äußerst beliebten Aufführungen waren die Idee des Broadway-Produzenten Florenz Ziegfeld, der einfach nur etwas suchte, um den New Yorker Sommerunterhaltungskalender zu füllen. Als die Follies ein Erfolg wurden, produzierte Ziegfeld die Shows jedes Jahr bis 1927 und dann in regelmäßigen Abständen bis 1931. Zwischen 1932, als Ziegfeld starb, und 1957 wurden die Shows von verschiedenen Leuten produziert, erreichten aber nie den Erfolg der früheren Jahre.

Die Ziegfeld Follies veränderten den Broadway völlig. Typische dramatische Aufführungen wurden durch aufwendige Musicals mit kostümierten Tänzern, spektakulären Bühnenbildern und Chorsängern abgelöst. Ziegfeld-Darsteller wurden oft zu Filmstars,

und die Follies begründeten ihre Karrieren.
Ohne das Genie von Florenz Ziegfeld wäre die
Art von Broadway-Musical, die wir heute noch
genießen, nicht möglich gewesen.

Zwischen 1918 und 1927 traten eines oder
mehrere der Eaton-Kinder in den Ziegfeld Follies auf. Mary Eaton spielte die Hauptrolle in
drei verschiedenen Ausgaben zwischen 1920
und 1927 und später in zwei von Ziegfelds
großen Filmproduktionen. Obwohl Pearl Eaton
nie eine Haupttänzerin war, blieb sie am längsten bei den Follies und trat zwischen 1918 und
1923 in sechs verschiedenen Ausgaben auf.
Doris Eaton war die am längsten überlebende
der Ziegfeld Girls und starb im September
2010 im Alter von 106 Jahren.

Nach ihrem anfänglichen Erfolg in Der blaue
Vogel traten Pearl, Mary, Doris und ihr Bruder
Charles gemeinsam oder einzeln in zahlreichen
Theaterstücken auf. Die meiste Arbeit hatten
sie als Mitglieder

der Theatergruppe von Sylvester Poli (Poli
Players), die im gesamten Nordosten der Vereinigten Staaten Theater besaß.

Im Jahr 1916 spielte Pearl eine kleine Rolle in einer Aufführung von The Passing Snow. Als der Produzent beschloss, die Show auf Tournee zu schicken, blieb Pearl bei der Besetzung. Auf der Reise verliebte sie sich in einen der Violinisten der Show - Harry Levant. Das Paar heiratete 1917 und bekam im folgenden Jahr eine Tochter, die sie nach Pearls Schwester Doris benannten; sie nannten sie Dossie.

Kurz nach der Geburt von Dossie kehrte Pearl zu ihrer Karriere zurück und war bald wieder im Wintergarten als Tänzerin in Sindbad zu sehen. Im Jahr 1918 begann sie ihre Karriere bei den Ziegfeld Follies, die bis 1923 andauerte. Ebenfalls 1923 trat Pearl erneut mit der Poli Stock Company in einer Hauptrolle am Majestic Theater in New York City auf. Danach schloss sie sich der Truppe des Broadway-Produzenten Charles Dillingham an, sowohl als Darstellerin als auch als Choreografin. Dillingham besetzte Pearl in der Musical-Komödie The Love Letter und war von ihren administrativen Fähigkeiten so beeindruckt, dass er sie als erste weibliche Inspizientin einstellte.

Pearls Schwester Doris war der Ansicht, dass die Jahre der Prohibition (1920-1933) einen deutlichen Einfluss auf Pearls Leben hatten. In einer Familienbiografie beschrieb sie Pearl als Partygirl, das gerne tanzte. Als die Prohibition in Kraft trat, tanzte Pearl in vielen der illegalen Speakeasies in New York City. Viele der legalen Nachtclubs und Cabarets hatten ihr Geschäft aufgegeben, und die illegalen Nachtclubs wurden zu beliebten Treffpunkten, an denen man die ganze Nacht tanzen und trinken konnte.

Pearl ließ Dossie bei Familienmitgliedern zurück und beendete ihre abendliche Theatervorstellung, um gegen Mitternacht in einem der zahlreichen Nachtclubs im Untergrund zu arbeiten. Durch Auftritte in Floorshows bekannter Lokale wie El Fey und Texas Guinan's 300 Club verdiente Pearl nicht nur zusätzliches Geld, sondern lernte auch viele der feinsten Bewohner New Yorks kennen. Bei der Eröffnung eines Clubs wurde die Gästeliste als ein Blaubuch der New Yorker Gesellschaft beschrieben - Sportgrößen, Entertainer, Politiker und Mafiabosse. Im El Fey war Pearl die

Haupttänzerin, unterstützt von einem 10-köpfigen Chor, von denen einige auch Ziegfeld-Mädchen gewesen waren. Eine Schwester beschrieb Pearl als wie geschaffen für die 1920er und 1930er Jahre, und dass sie nie glücklicher gewesen sei als in dieser Zeit. Sie war bei den Nachtclubbesitzern und den Kunden beliebt und wurde für ihre Auftritte gut belohnt. Eine andere Schwester erinnerte sich, dass Pearl definitiv die Rebellin in der Familie war, die rauchte, trank und sich unter die schnelle Gruppe mischte, die die Nachtclubs und Speakeasies der Prohibitionszeit zu ihrem Zuhause machte.

Im Jahr 1928 trat Pearl in ihrer letzten Show im Globe Theatre am Broadway auf. Im selben Jahr wurde sie mit einer Karikatur im berühmten Restaurant Sardi's geehrt und von Erno Bakos, einem ungarischen Porträtmaler, ausgewählt, um die typische amerikanische Blondine darzustellen. Auf seiner Suche nach der idealen Frau war Bakos der Meinung, dass Pearl Eatons Bild der Inbegriff amerikanischer Schönheit, Intelligenz und Charme sei.

Kurz nach ihrem letzten Auftritt in New York zog Pearl nach Los Angeles, um als Choreografin und Tanzdirektorin für die RKO-Studios zu arbeiten. Wie der Rest ihrer talentierten Familie kam auch Pearls Bühnenkarriere Ende der 1920er Jahre ins Stocken, und trotz ihres Talents und ihres guten Rufs wurde sie 1930 von RKO entlassen. In den frühen 1930er Jahren befand sich die Unterhaltungsindustrie im Umbruch. Die Tage der großen Bühnenproduktionen waren gezählt und wurden durch Filme mit Stars wie Fred Astaire und Ginger Rogers ersetzt. In dieser Zeit trat Pearl in einigen kleinen Filmrollen auf und eröffnete kurzzeitig ein kleines Tanzstudio für Kinder in Encino, Kalifornien, aber ihre Karriere war im Wesentlichen beendet.

1931 heiratete Pearl ihren zweiten Mann - Richard Curtis Enderly. Dick Enderly hatte die Universität von Kalifornien und anschließend die Marineakademie der Vereinigten Staaten in Annapolis absolviert. Nach seinem Ausscheiden aus dem Militär wurde Enderly leitender Angestellter bei der Richfield Oil Company, und Pearl schien mit ihrem Eheleben wirklich glücklich zu sein. Dossie, damals noch ein Teenager, liebte ihren neuen Stiefvater abgöttisch.

Leider wirkte sich der plötzliche Wechsel von der Broadway- und Kabarett-Entertainerin zur Hausfrau negativ auf Pearl aus, und sie und zwei ihrer Geschwister (Mary und Charles) entwickelten eine Abhängigkeit von Alkohol und rezeptpflichtigen Medikamenten. Marys Ehemann Millard und Pearls Ehemann Dick waren ebenfalls starke Trinker, und Familientreffen wurden schließlich zu bloßen Schlägereien unter Alkoholeinfluss. Mit Ausnahme von Doris waren die Eatons für den Rest ihres Lebens von Alkohol, Drogenmissbrauch und dem Sturz vom Ruhm in die Mittelmäßigkeit geplagt.

Als Richard Enderly 1952 an einem Herzinfarkt starb, zog sich Pearl aus der Öffentlichkeit zurück und verließ angeblich nur noch selten ihre Wohnung. Laut zwei Biografien, die einige Jahre später geschrieben wurden - die eine von ihrer Schwester Doris und die andere von Lauren Redniss - überwand Pearl nie ihren Kampf mit Alkohol und Drogen und verbrachte die meiste Zeit damit, erfolglos zu versuchen,

Lieder, Drehbücher und Kurzgeschichten zu
schreiben.

Im Alter von 60 Jahren wurde Pearl Eaton
am 10. September 1958 tot in ihrer Wohnung
in Manhattan Beach, Kalifornien, aufgefunden.
Sie war brutal zusammengeschlagen worden
und lag nackt in einer Blutlache. Dem Bericht
der Mordkommission zufolge waren Pearls
Beine und die Wände der Wohnung mit blutigen Handabdrücken übersät und die
schmutzige Wohnung war mit Zeitschriften
übersät.

Die Todesursache wurde als Mord angeg-
eben, aber es gab nie eine Spur oder
Verdächtige in diesem Fall und das Verbrechen
wurde in den Nachrichten kaum erwähnt. Der
Mord an Pearl Eaton bleibt ungelöst.

PRINZESSIN UNBEKANNT

In den frühen Morgenstunden des 15. Juli 1982 fand ein Wartungsarbeiter die Leiche eines jungen Mädchens am Rande des Johnsonburg Creek auf dem Friedhof von Blairstown, New Jersey. Sechs Monate später wurde das Mädchen nur wenige Meter vom Fundort entfernt begraben. Niemand kannte ihren Namen oder wusste, wie sie in ihre Stadt gekommen war, aber etwa 50 Einwohner nahmen an ihrer Beerdigung teil, und die Prozession wurde von einer Polizeieskorte begleitet. Die gesamte Trauerfeier, einschließlich eines Grabsteins mit der Inschrift, wurde von der Gemeinde finanziert:

Prinzessin Unbekannt
Vermisst von zu Hause,
tot unter Fremden
, in Erinnerung bei allen
Geborenen ? - Gefunden am 15. Juli 1982

Nach 32 Jahren ist der Mord immer noch nicht aufgeklärt und die wahre Identität von Prinzessin Doe ist immer noch unbekannt.

Als das Mädchen namens Princess Doe auf dem Friedhof von Blairstown gefunden wurde, war sie nur teilweise bekleidet, barfuß und ohne Unterwäsche. Der Gerichtsmediziner von Warren County, New Jersey, schätzte, dass sie zwischen 14 und 18 Jahre alt war und ein bis drei Wochen vor ihrem Auffinden ermordet worden war. Man geht davon aus, dass sie nicht am Fundort, sondern an einem anderen Ort ermordet wurde und ihre Leiche auf dem kleinen ländlichen Friedhof in der Nähe des Highway 94 abgelegt wurde.

Die Behörden beschrieben das Opfer als kaukasisch, etwa 1,70 m groß und 100 Pfund

schwer, mit braunem, schulterlangem Haar. Als
das junge Mädchen gefunden wurde, trug es
ein rotes, kurzärmeliges Hemd mit gelben,
blauen und schwarzen Paspeln, einen rot-weiß-
blauen Wickelrock mit einer breiten Pfauen-
borte am Saum und eine Halskette mit weißen
Perlen an der Kette, die ein verziertes 14-
karätiges Goldkreuz hielt. Nachdem die
Beschreibungen der Kleidungsstücke an die
Medien weitergegeben wurden, meldeten sich
drei Frauen bei den Behörden und gaben an,
dass sie identische Kleidungsstücke in der Gegend von Long Island, New York, gekauft hätten.

Die Fingernägel der rechten Hand von Prinzessin Doe waren mit rotem Nagellack lackiert
und beide Ohren waren gepierct - das linke
Ohr zweimal. Obwohl die Leiche teilweise verwest war, wies sie keine anderen charakteristischen Merkmale auf.

Die Untersuchung der Zähne von Prinzessin
Doe ergab, dass die beiden vorderen Zähne
etwas dunkler waren als die anderen. Die
zahnärztliche Untersuchung ergab auch, dass
sie in vier ihrer Backenzähne Füllungen hatte.

Ihre zahnärztlichen Unterlagen wurden weit verbreitet, aber es gab keine Antworten.

Die Blutgruppe des Kindes wurde mit O bestimmt. Die Fingerabdrücke wurden abgenommen und mit mehr als 50 Millionen in der FBI-Datenbank abgeglichen, wobei keine Übereinstimmung festgestellt wurde.

Zeichner fertigten Skizzen an, wie das Kind ihrer Meinung nach ausgesehen haben könnte, und die Smithsonian Institution erstellte später anhand eines CT-Scans ihres Schädels ein dreidimensionales Bild. Die Skizzen wurden und werden auch heute noch in den Medien verbreitet. Aufgrund ihrer Zahnpflege, der Art der Kleidung, die sie trug, und des goldenen Kruzifixes, das bei der Leiche gefunden wurde, geht man davon aus, dass Princess Doe aus einer Familie der Mittelschicht stammt.

Prinzessin Doe starb an den Folgen brutaler Schläge; es wurde keine Waffe in der Nähe der Leiche gefunden. Die schweren Schädelfrakturen wurden wahrscheinlich durch ein Rohr oder einen Schläger verursacht. Die Schläge waren so brutal, dass ihre Gesichtszüge und ihre Augenfarbe nicht bestimmt werden konnten. Aufgrund des Grades der Verwesung gab es keine bestätigten Anzeichen für einen sexuellen Übergriff.

Im September 1999 wurde die Leiche von Prinzessin Unbekannt exhumiert und Proben aus ihrem Oberschenkelknochen für einen DNA-Test in Baltimore, Maryland, entnommen. Innerhalb von 3 Stunden wurde das Kind im selben Grab wieder beigesetzt. Die Untersuchung von Proben ihrer Kleidung deutet auf eine europäische Abstammung hin, und die DNA-Analyse ihrer Haare und Zähne zeigt, dass sie kurz vor ihrem Tod einige Zeit in der Gegend von Long Island, New York, verbracht hat. Aus den Proben geht ferner hervor, dass sie ursprünglich aus dem Westen der Vereinigten Staaten stammte, höchstwahrscheinlich aus Arizona, dass sie aber zu bestimmten Zeiten ihres Lebens auf der Durchreise war - möglicherweise war sie eine Ausreißerin.

Bei den DNA-Tests wurden auch Marker gefunden, die nicht Teil des Profils von Prinzessin Doe sind. Diese kleinen DNA-Spuren könnten vom Mörder stammen oder zumindest von jemandem, der zum Zeitpunkt ihrer Ermordung bei ihr war. Mehrere Proben der DNA von Prinzessin Doe stehen im Combined DNA Index System (CODIS) des FBI zum Vergleich zur Verfügung.

Seit dem ersten Tag, an dem Prinzessin Doe in den dichten Wäldern des Cedar Ridge Friedhofs gefunden wurde, hat das Verbrechen die Gemeinde Blairstown und die Strafverfolgungsbehörden, die die Einzelheiten untersuchten, in Atem gehalten. Leutnant Eric Krantz, der als erster Polizeibeamter am Tatort war, arbeitete mehr als 25 Jahre lang täglich an dem Fall. Krantz war es, der dem nicht identifizierten Opfer den Namen Princess Doe gab, eine Kaufhauspuppe mit der Kleidung des Mädchens ausstattete und dann die Medien zu einer Pressekonferenz einlud, um das Interesse an dem Fall zu wecken. Auch nach seinem Ausscheiden aus dem Polizeidienst in Blairstown im Jahr 1985 kehrte Krantz regelmäßig nach Blairstown zurück, um bei Gedenkfeiern am Grab zu sprechen.

Detective Stephen Spiers vom Warren County Prosecutor's Office, der inzwischen ebenfalls in den Ruhestand getreten ist, wurde

1998 zum leitenden Ermittler in dem Fall und trat 2012 in einem CNN-Beitrag über das Verbrechen auf. Spiers war maßgeblich daran beteiligt, dass jedes Mal, wenn das Verfahren verfeinert wurde, DNA-Tests durchgeführt werden konnten. Sowohl Krantz als auch Spiers verfolgen den Fall aktiv.

Die einzigen bekannten Einwohner von Blairstown, die das Mädchen lebend gesehen haben, waren Ann Latimer und ihre 6-jährige Tochter. Beide bemerkten das Mädchen am Morgen des 13. Juli in einem Einkaufszentrum auf der anderen Straßenseite, wo ihre Leiche 2 Tage später gefunden wurde. Latimer, eine examinierte Krankenschwester, gab später an, dass es das ungewöhnliche Muster von Pfauen auf dem Rock des jungen Mädchens war, das sie auf sie aufmerksam machte.

Im Laufe der Jahrzehnte gab es verschiedene Theorien über die Identität der Prinzessin Doe und ihres Mörders. Einige konnten leicht widerlegt werden, andere sind nach wie vor aktuell. Zu ihnen gehören:

- Zu Beginn des Falles wurde angenommen, dass es sich bei Princess

Doe um Diane Dye handelt, ein ver-
misstes Kind aus Kalifornien. DNA-
Tests bewiesen jedoch eindeutig, dass
die beiden Mädchen nicht identisch
waren.

- Die Behörden dachten einst, dass
Princess Doe eine Ausreißerin war, die
als Haushälterin in einem Hotel in
Ocean City, Maryland, arbeitete, aber
es gab nicht genügend Informationen,
um diese Theorie zu beweisen oder zu
widerlegen.

- Versuche, Prinzessin Doe mit Männern
in Verbindung zu bringen, die in den
frühen 1980er Jahren grausame Verbrechen begangen haben sollen, haben sich nicht bestätigt. Dazu
gehörten John Reese, der 1989 im
nahe gelegenen Belvidere, New Jersey, eine Frau auf grausame Weise tötete, der Serienmörder Henry Lee
Lucas, der zwischen 1960 und 1983
mindestens elf Menschen in Michigan,
Texas und Florida ermordete, und
Joel Rifkan, dessen bestätigte

Verbrechensserie sich über die Jahre zwischen 1989 und 1993 erstreckt haben soll. Es gibt keine schlüssige Verbindung zwischen der Ermordung von Prinzessin Doe und einem der genannten Männer.

- Die Behörden gehen davon aus, dass Princess Doe sich in der Gegend von Long Island, New York, aufgehalten hat. Dies wird zum Teil durch die DNA-Analyse ihres Haares bestätigt, die zeigt, dass sie innerhalb von 5 Monaten nach dem Auffinden ihrer Leiche im Nordosten der Vereinigten Staaten lebte. Die Erinnerung von Ann Latimer und das Kleid, das Prinzessin Doe zwei Tage vor ihrem Auffinden trug, wurde mit drei Frauen abgeglichen, die der Polizei sagten, sie hätten identische Kleidung in Geschäften in Long Island gekauft.

Ein Hinweis an die Polizei deutete darauf hin, dass Princess Doe eine Prostituierte war, die in der örtlichen Raststätte arbeitete. Die Polizei befragte zahlreiche Trucker und

Servicekräfte, aber niemand gab zu, das Mädchen gesehen oder gekannt zu haben.

Im Oktober 1991 wurde in der nahe gelegenen Gemeinde Knowlton die Leiche einer Frau gefunden, die nur als "Tiger Lady" bekannt war. Die Leiche war eine von mindestens fünf ermordeten Frauen, die 1993 entlang der Interstate 80 in New Jersey gefunden wurden. Die Verbindung zwischen der Tiger Lady, so genannt wegen der Tätowierung eines kauernden Tigers auf ihrer linken Wade, und Princess Doe ergab sich vor allem aus dem Fundort der Leiche - Warren County - und der Todesart - brutale Schläge auf den Kopf, die jegliche Gesichtszüge auslöschten. Die Polizei geht nicht davon aus, dass zwischen den beiden Fällen ein Zusammenhang besteht, aber eine Verbindung ist nicht völlig ausgeschlossen.

Der vielleicht vielversprechendste Weg zur Aufklärung des Mordes an Princess Doe führt über Arthur und Donna Kinlaw, die in den frühen 1980er Jahren von Hunt's Point, New York, aus einen Prostitutionsring betrieben. Das Paar wird mit einer Reihe von Verbrechen in den Vereinigten Staaten in Verbindung

gebracht, die neben Prostitution auch Sozi-
alhilfe- und Bankbetrug, Einbruch und Mord
umfassten. Allein Donna wurde mehr als 50 Mal
verhaftet, hatte 17 Aliasnamen und benutzte
mindestens sieben verschiedene Sozialversi-
cherungsnummern.

1998 wurden die Kinlaws in Kalifornien verhaftet, weil sie den Namen einer ihrer Prostituierten aus Hunt's Point fälschlicherweise für
einen Sozialhilfebetrug verwendet hatten. Als
die Behörden die Prostituierte ausfindig
machten, machte sie freiwillig Angaben, die
das Paar in eine Reihe von mindestens vier
Morden verwickelten, die von Arthur begangen
und von seiner Frau Donna beobachtet
wurden. Jede Frau wurde ermordet, weil sie
sich weigerte, Teil von Arthurs Prostitutionsring
zu sein.

Kinlaw tötete seine Opfer auf unterschiedliche Weise: Erwürgen, erstechen, erschießen
und erschlagen. In letzterem Fall verwendete
er in der Regel einen Baseballschläger aus Alu-
minium. In diesen Fällen wurden die Opfer brutal in den Kopf geschlagen und an einem
anderen Ort entsorgt. Angesichts der

Ähnlichkeiten zwischen den bekannten Kinlaw-Verbrechen und dem Mord an Prinzessin Doe befragten die Behörden das Ehepaar zu ihrer möglichen Beteiligung. Arthur gab den Mord an Prinzessin Doe zu und beschuldigte Donna, auf dem Friedhof in Blairstown gewesen zu sein, als sie getötet wurde. Keiner der beiden konnte oder wollte den wahren Namen des Mädchens nennen, das sie getötet hatten, aber Donna erinnerte sich, dass sie aus Long Island stammte und konnte eine Beschreibung liefern, die mit den vorhandenen forensischen Skizzen übereinstimmte.

Für die bekannten Verbrechen wurde Arthur Kinlaw wegen zweifachen Mordes zweiten Grades verurteilt und verbüßt derzeit eine 20-jährige Haftstrafe in der Sullivan Correctional Facility in Fallsburg, New York; er kann 2018 auf Bewährung entlassen werden. Donna bekannte sich des Totschlags schuldig und erhielt eine geringere Strafe, weil sie gegen Arthur ausgesagt hatte; sie wurde im Oktober 2003 aus der Justizvollzugsanstalt Albion in Albion, New York, entlassen.

Eine Verbindung zwischen den Kinlaws und Prinzessin Doe konnte bisher nicht bestätigt werden, vor allem weil das Mädchen nicht identifiziert werden konnte. Solange ihr wahrer Name, ihr Aufenthaltsort und ihre familiären Verbindungen nicht verifiziert sind, kann eine Verbindung zwischen Prinzessin Doe und den Kinlaws und ihren ruchlosen Aktivitäten in den Gebieten New York und New Jersey nicht nachgewiesen werden. Trotz ihrer Geständnisse wurden sie nicht wegen des Verbrechens angeklagt.

Der Fall der Prinzessin Doe wurde landesweit von den Medien aufgegriffen. Im April 1983, nur wenige Monate nach ihrer Beerdigung, produzierte Home Box Office ein Fernsehspecial über Prinzessin Doe, in dem Einzelheiten über das Verbrechen, die Ermittlungen und ihre Beerdigung gezeigt wurden. Das 20-minütige Video ist immer noch auf YouTube verfügbar. Im selben Jahr (1983) kündigte FBI-Direktor William Webster die Einrichtung einer Datenbank für vermisste Personen und ungelöste Verbrechen an. Der als National Crime Information Center (NCIC) bekannte computergestützte Index versorgt die Strafverfolgungsbehörden mit Details zu einer Vielzahl von Verbrechen. Prinzessin Doe war der erste Fall, der in das neue System eingegeben wurde. Im Laufe der Jahrzehnte seit der Entdeckung ihrer Leiche ist sie zu einem Symbol für die Fälle vermisster Personen geworden.

Das ungelöste Verbrechen und der Vermisstenfall von Princess Doe wurde am 24. September 2012 in einem Beitrag des Fernsehsenders CNN vorgestellt. In dem Beitrag, der ein Interview mit Detective Spiers enthielt, wurden aktuelle Informationen zu dem Fall präsentiert und die kürzlich fertiggestellte Nachbildung ihres Gesichts gezeigt, die vom Smithsonian hergestellt wurde. Auch America's Most Wanted widmete sich Ende September 2012 dem Fall Princess Doe. Derzeit wird versucht, die Folge erneut auszustrahlen.

Es gibt zwei Romane, die auf diesem Verbrechen basieren. Der erste - Death Among Strangers - wurde 1998 von Diedre Laikens veröffentlicht. Der zweite - The Untold Story of Princess Doe - wurde 2012 von einer ehemaligen Einwohnerin von Blairstown, Christie Napurano, veröffentlicht. Obwohl beide Romane Fiktion sind, enthalten sie genaue Informationen über das Verbrechen und Beschreibungen der Gemeinde, und beide sind teilweise dafür verantwortlich, dass das Interesse der Öffentlichkeit an dem Fall erhalten bleibt.

Eine Website, die dem Verbrechen der Princess Doe gewidmet ist (princessdoe.org), wird regelmäßig aktualisiert und von einem ehemaligen Einwohner von Blairstown gepflegt, und vier Ausgaben von Weird New Jersey (Ausgaben 10, 13, 14 und 29) haben Artikel über das ungelöste Verbrechen enthalten. Princess Doe ist auch in der National Missing and Unidentified (NamUS)-Datenbank, dem National Center for Missing and Exploited Children und Porchlight for the Missing aufgeführt. Die New Jersey State Police unterhält ebenfalls eine Seite über das Verbrechen (njsp.org).

In regelmäßigen Abständen finden auf dem Cedar-Ridge-Friedhof Gedenkfeiern für Prinzessin Doe statt. Im Jahr 2012, am 30. Jahrestag ihrer Entdeckung, nahmen mehr als 100

Personen daran teil. Die emotionale Bindung an den Fall ist in der Region Blairstown nach wie vor groß und die Gemeinde unterstützt weiterhin die Bemühungen, das junge Mädchen zu identifizieren und ihren Mörder zu fassen.

Seit März 2014 ist die Cold Case Unit des Warren County Prosecutor's Office mit dem Fall betraut. Er ist weiterhin offen und aktiv.

MORDE DER FAMILIE WALKER

Die Familie Clifford Walker lebte auf der
Palmer Ranch in Osprey, Florida. Ihr kleines
weißes Ranchhaus lag abgelegen, aber gut gel-
egen, damit Cliff das Vieh der Palmers hüten
konnte. Das Anwesen war auch bei Jägern beliebt, und in der Nähe gab es einen guten An-
gelfluss.

Die Walkers führten ein einfaches, aber gutes Leben. Am Wochenende vor Weihnachten
1959 kaufte die Familie in Sarasota ein,
besuchte Freunde und fuhr dann gegen 16 Uhr
zum Abendessen nach Hause. Als der
Ranchmitarbeiter und Freund Don McLeod am
nächsten Morgen kam, um mit Cliff auf die
Jagd zu gehen, lag die gesamte vierköpfige
Familie Walker tot im Haus.

Am Morgen des 19. Dezember 1959 fuhr
die Familie Clifford Walker 12 Meilen nördlich
vom ländlichen Osprey, Florida, nach Sarasota
zum Weihnachtseinkauf. Mit einem neuen Kind
brauchte die vierköpfige Familie ein größeres
Auto, und so verbrachten sie einen Teil des
Tages damit, sich bei Altman Chevrolet

umzusehen. Obwohl die Familie eine Probe-
fahrt mit einem Hudson Jet machte, erinnerten
sich Zeugen im Autohaus später daran, dass sie
sich auch einen zweifarbigen Chevrolet Bel Air
von 1956 ansahen. An diesem Morgen kaufte
die Familie auch Lebensmittel im IGA ein und
besuchte später Johnny's Hardware, um Penny-
Süßigkeiten für die Kinder und eine Stange
Kool-Zigaretten für Cliff zu kaufen.

Mit dem Versprechen, ihre Freunde am
Nachmittag zu besuchen, hielten die Walkers
auf dem Rückweg von Sarasota am Haus von
Don und Lucy McLeod. Als Gegenleistung für
die Arbeit auf der Ranch lebten Cliff, Don und
ihre Familien in kleinen Ranchhäusern auf der
100.000 Hektar großen Palmer Ranch; ihre
Häuser waren etwa 20 Minuten voneinander
entfernt. Während die Ehefrauen und Kinder zu
Besuch waren, machten die Männer einen kurzen Jagdausflug zum nahe gelegenen Cow Pen
Slough. Nach ihrer Rückkehr beluden die beiden Freunde einen Jeep mit Viehfutter, das
Cliff mit nach Hause nehmen sollte, und
verabredeten sich für den nächsten Morgen zur
Jagd auf Wildschweine.

Gegen 15.45 Uhr verließ Christine (24 Jahre) das Haus der McLeods im Auto der Familie. Cliff (25 Jahre) und die beiden Kinder - Jimmie (3 Jahre) und Debbie (23 Monate) - fuhren gegen 16 Uhr mit dem Jeep nach Hause.

Laut Zeitangaben der Polizei kam Christine gegen 16.05 Uhr zu Hause an, parkte das Auto aber nicht auf ihrem üblichen Platz, wahrscheinlich weil dort bereits jemand parkte. Christine betrat die Wohnung, hängte ihre Handtasche in die Küche, legte die Weihnachtskarte von Lucy McLeod auf den Kühlschrank und räumte die Tageseinkäufe weg. In Anbetracht der kurzen Zeitspanne, die mit den nachfolgenden Ereignissen verbunden ist, und Cliffs Ankunft etwa 15 Minuten nach Christine, hätte die unbekannte Person Christine bei der Erledigung dieser Aufgaben entweder von innerhalb oder außerhalb des Hauses beobachten können.

Es gibt unterschiedliche Theorien darüber, was genau der Auslöser für die Tat war, aber der Tathergang ist unumstritten. Die unbekannte(n) Person(en) schlug(n) Christine auf der Veranda der Familie Walker zunächst ins Gesicht und verletzte(n) ihre linke Wange.

Christine wehrte sich und schlug den Angreifer mit ihrem Stöckelschuh, wobei sie Blut verlor. Zweifellos verärgert, schlug der Mann sie heftig, vergewaltigte sie auf Jimmies Bett und schoss ihr dann mit einer Kaliber-.22-Waffe zweimal in den Kopf. Der erste Schuss streifte ihren Haaransatz; der zweite Schuss durchschlug ihren Kopf und tötete sie auf der Stelle. Der Mörder nahm dann die Bettdecke von Jimmies Bett, wischte das Blut von Christines Körper und schleppte sie auf den Boden des Wohnzimmers.

Nachdem er angehalten hatte, um Luft in die Reifen des Jeeps zu füllen, kamen Cliff und die Kinder gegen 16.35 Uhr zu Hause an. Da Cliff nicht wusste, was gerade passiert war, hatte er keinen Grund, das geladene Gewehr im Jeep mitzunehmen. Als er die Tür öffnete, wurde er sofort durch das rechte Auge erschossen und war auf der Stelle tot.

Der dreijährige Jimmie, der noch einen Lutscher von Johnny's Hardware in der Hand hielt, wurde als nächstes ermordet. Der Mörder hielt die Waffe nur wenige Zentimeter vom Gesicht des Jungen entfernt und schoss einmal, aber das Kind starb nicht schnell genug, und der Angreifer feuerte noch zweimal in seine obere Stirn. Das Kind wurde später zusammengerollt neben seinem Vater gefunden.

Im Alter von nur 23 Monaten versuchte Debbie, zu ihrer Mutter zu krabbeln. Blutspuren zeigten, dass sie neben dem Körper ihrer Mutter erschossen wurde, aber nicht starb. Vielleicht hatte der Mörder keine Kugeln mehr und trug das kleine Mädchen ins Badezimmer, stopfte eine Socke in den kaputten Badewannenabfluss, um die Wanne zu füllen, und hielt sie unter das Wasser, bis sie tot war.

Als das Gemetzel vorbei war, verschloss der Mörder die Türen und ging einfach davon.

Um 5:30 Uhr am 20. Dezember 1959 kam Don McLeod am Haus der Walkers an, um Cliff für die morgendliche Jagd abzuholen. Wie er später der Polizei schilderte, erwartete McLeod Anzeichen dafür, dass Walker aufgestanden war und Kaffee kochte, doch stattdessen fand er das Haus ruhig und dunkel vor. Auf der Veranda standen ein ungeschmückter

Weihnachtsbaum und vier eingepackte Geschenke, die an die Kinder adressiert waren.

Da McLeod durch die Fenster nichts Ungewöhnliches sah und alle Türen verschlossen waren, benutzte er sein Taschenmesser, um die hintere Fliegengittertür aufzuschneiden und den Haken zu entriegeln. Als er die Innentür unverschlossen vorfand, betrat McLeod die Küche, schaltete das Licht ein und entdeckte einen grausigen Tatort, an dem sich die Leichen seiner vier Freunde befanden.

Aus Angst, der Mörder sei noch im Haus, rannte McLeod nach draußen und sprang in den Jeep, um Hilfe zu holen. Das Viehfutter und das geladene Gewehr waren dort, wo er sie am Nachmittag zuvor gesehen hatte. McLeods erster Halt war der nahe gelegene IGA-Markt, aber da er kein Geld für das Münztelefon hatte, fuhr er weiter zu einem Restaurant. Der Besitzer, der gerade öffnete, hatte kein Telefon, gab McLeod aber einen Dime, um die Polizei von Sarasota anzurufen, die die Nachricht an das Büro des Sheriffs von Sarasota County weiterleitete. Schwer erschüttert konnte McLeod nur noch sagen: "Sie sind alle tot!

Der erste Beamte am Tatort war der 20-jährige Sheriff Ross Boyer. Wie Boyer später erzählte, war das Haus ein heilloses Durcheinander. Überwältigt von dem, was sie sahen, und unerfahren bei einem so schrecklichen Verbrechen, verunreinigten die Ermittler bei der Spurensicherung versehentlich den Tatort - nicht zuletzt, weil sie sich auf einen Zeitungsfotografen und einen Reporter verließen, um den Tatort zu dokumentieren. Ein Hilfssheriff lief auch durch Blutlachen und hinterließ Abdrücke von seinem Cowboystiefel, die die Ermittler glauben ließen, sie gehörten dem Mörder. Trotz dieser unglücklichen Fehler sammelten die Behörden viele Beweise, die auf den Fotos zu sehen waren und viele Jahre später auf DNA getestet wurden. Zu den gesammelten Beweisen gehörten:

- Christines High-Heel-Schuh voller Blut des Mörders
- Eine Zigarettenpackung einer Marke, die Cliff nicht geraucht hat

- Fingerabdrücke (oder ein Handabdruck) auf dem Griff des Badewannenhahns, in dem Debbie ertränkt wurde
- Sieben verbrauchte Patronenhülsen vom Kaliber .22. Die Mordwaffe wurde nicht gefunden, und es wurde nie festgestellt, ob es sich um ein Gewehr oder eine Handfeuerwaffe handelte. Die verbrauchten Patronen hatten jedoch eindeutige Schlagbolzenmarkierungen, die sie leicht identifizierbar machen würden, wenn die Mordwaffe gefunden würde.
- Haarproben (eine blonde und eine schwarze)
- Ein weißes T-Shirt mit Schmiere
- Sperma auf Christines Kleidung.

Familienmitglieder stellten fest, dass mehrere Gegenstände aus dem Haus der Walkers fehlten. Dazu gehörten die Heiratsurkunde der Walkers, die am Tag vor dem Mord an der Wohnzimmerwand gesehen wurde, Christines Majorettenuniform aus der High School, eine

Stange Kool-Zigaretten, die die Walkers am Tag vor dem Verbrechen beim Einkaufen in Sarasota gekauft hatten, und Cliffs Taschenmesser mit einem Obstbaummuster auf dem Griff.

Einige Monate nach dem Mord wurde blutige Kleidung in einem Schuppen etwa eine Meile vom Haus der Walkers entfernt gefunden. Die Kleidung gehörte Cliff und Christine und umfasste zwei Männerhemden, einen Rock, eine Bluse, eine Hose und ein Taschentuch. Da es noch keine DNA-Methode am Tatort gab, nahm Sheriff Boyer an, dass der Mörder die Kleidungsstücke benutzt hatte, um sich selbst vom Blut zu reinigen. Die Polizei befragte Angler, die sich in der Tatnacht in der Gegend aufgehalten haben könnten, aber niemand gab an, jemanden in oder in der Nähe des Schuppens gesehen zu haben.

Im Laufe der Jahrzehnte gab es mehrere Theorien und Hunderte von Verdächtigen, die zu den Walker-Morden befragt wurden. Die meisten Verdächtigen wurden durch Verhöre und bestätigte Alibis und in späteren Jahren durch DNA-Analysen entlastet. Obwohl die

Sheriffs und Hilfssheriffs von Sarasota County im Laufe der Jahre gewechselt haben, hielten die meisten von ihnen an der Theorie fest, dass der Mörder der Walkers sie kannte. Ein Fremder wäre nicht an den Hunden der Familie vorbeigekommen, und es hätte keinen logischen Grund für einen Fremden gegeben, Kinder zu töten, die zu jung waren, um sie zu identifizieren.

In den ersten Monaten und Jahren der Ermittlungen gehörten zu den Verdächtigen ein Cousin (Elbert Walker), ein Ableser des Stromzählers (Stanley Mauck) und ein 65-jähriger Eisenbahnarbeiter (Wilbur Tooker). Alle frühen Verdächtigen waren mit der Ranch vertraut und hätten von dem Schuppen gewusst, in dem die blutigen Kleidungsstücke gefunden wurden.

Der Cousin - Elbert Walker - wurde von Freunden und Familienangehörigen als starker Trinker und oft streitlustig beschrieben. Sein Verhalten nach den Todesfällen erschien einigen unangemessen, und er hatte Informationen über das Verbrechen, die nicht an die Medien weitergegeben worden waren. Im

Laufe der Jahrzehnte wurde Elbert Walker mehrmals verhört, aber er bestand mehrere Lügendetektortests, und man war sich einig, dass er nicht der Mörder war. Im Jahr 2004 bewies ein DNA-Test, dass er nicht der Täter war.

Die Walkers lagen auf der Route des Ablesers, der Berichten zufolge psychische Probleme hatte und unter anderem den Drang verspürte, seine Frau und seine Kinder zu töten. Maucks Frau erzählte der Polizei später, dass ihr Mann von den Walker-Morden am Boden zerstört war und schließlich einen Nervenzusammenbruch erlitt. Stanley Mauck starb im Jahr 1997.

Wilbur Tooker wohnte etwa eine Meile vom Haus der Walkers entfernt und besuchte die Familie häufig. Christine erzählte Familie und Freunden wiederholt, dass sie Angst vor Tooker hatte und dass er ihr viele unerwünschte Annäherungsversuche gemacht hatte. Tookers Alibi für die Mordnacht war nicht stichhaltig, aber er wurde nie verhaftet oder wegen der Tat angeklagt. Tooker starb 1963, und es ist unklar, ob sein DNA-Profil mit den

Tatortspuren abgeglichen wurde. Daher bleibt Tooker ein möglicher Verdächtiger.

Zu den Verdächtigen, die in der Presse am häufigsten genannt wurden, gehörten ein Freund, ein ehemaliger High-School-Freund und ein berüchtigtes Mordpaar, das später für Schlagzeilen und einen Buch- und Kinobestseller sorgte - In Cold Blood.

Don McLeod war von Anfang an der offensichtliche Verdächtige. Er fand die Leichen, war mit der Familie und der Ranch sehr vertraut, und manche dachten, sein Interesse an Christine sei mehr als nur nachbarschaftlich. McLeod blieb jahrelang ein Verdächtiger, selbst nachdem er mehrere Lügendetektortests bestanden hatte, und viele Einwohner von Osprey gingen in der Überzeugung ins Grab, er sei der Mörder. Im Jahr 2004 wurde Don McLeod offiziell ausgeschlossen, nachdem DNA-Tests bewiesen hatten, dass er nicht mit dem Sperma auf Christines Kleidung übereinstimmte.

Curtis McCall war angeblich Christines High-School-Liebe, obwohl er den Behörden in den frühen 1960er Jahren sagte, dass sie nie zusammen waren. Nach dem Mord sagten Mitglieder der Familie McCall der Polizei, sie seien überzeugt, dass Christine und McCall eine Affäre hatten. McCalls Cousin erzählte der Polizei auch, dass er nach dem Verbrechen labil und sehr nervös geworden sei und viel Gewicht verloren habe.

Die Polizei beschrieb McCall als Unruhestifter. Er war gewalttätig und wurde von seinem Job als Fahrdienstleiter bei der Florida Highway Patrol entlassen. McCall besaß einst eine neunschüssige Kaliber-.22-Pistole, sagte den Behörden jedoch, dass er sie verkauft habe und sich nicht daran erinnern könne, an wen.

Nach zahlreichen Befragungen unterzog sich McCall drei Polygraphen-Tests. Jedes Mal hatte der Techniker den Eindruck, dass McCall nervös war und Informationen über die Walker-Morde zurückzuhalten schien.

McCall verließ nach dem Lügendetektortest das Gebiet um Sarasota und wurde seitdem weder gesehen noch befragt. Sein Aufenthaltsort ist derzeit unbekannt, so dass seine Schuld oder Unschuld immer noch in Frage steht.

1994 wandte sich ein Barkeeper aus Stroudsburg, Florida, an das Sarasota County Sheriff's Department und teilte mit, dass ein Stammgast gestanden habe, in Osprey einige Menschen getötet zu haben, als er jünger war, und dabei den Namen Walker erwähnt habe. Der Mann wurde als weißer Mann in den 60ern und Waffenliebhaber beschrieben. Weder der Verdächtige noch der Barkeeper wurden jemals ausfindig gemacht, aber die Behörden vermuteten, dass es sich bei dem Mann um McCall handeln könnte.

Richard Eugene Hickock und Perry Edward Smith waren das Thema von Truman Capotes In Cold Blood. In der Nacht des 15. November 1959, nur einen Monat vor der Ermordung der Familie Walker, ermordeten die beiden die Familie Herbert Clutter auf einer ländlichen Weizenfarm in der Nähe von Holcomb, Kansas. Das Motiv waren 10.000 Dollar, von denen Hickock und Smith glaubten, dass die Familie sie in einem Haussafe aufbewahrte. Als sie feststellten, dass dies nicht der Fall war, töteten sie die Clutters, um keine Zeugen zu hinterlassen.

Nach der Tat stahlen die beiden Mörder einige Gegenstände aus dem Haus der Clutters, flohen aus Kansas und fuhren etwa 45 Tage lang mit einem zweifarbigen Chevrolet durch das Land. Zeugen sahen Hickock und Smith zwischen dem 17. und 19. Dezember, dem Tag, an dem die Walkers getötet wurden, in der Gegend von Osprey. Die Behörden vermuten, dass die beiden die Walkers sahen, als sie in Sarasota Autos durchstöberten, und das Fahrzeug später als Täuschung benutzten.

Hickock und Smith wurden schließlich am 31. Dezember 1959 in Las Vegas, Nevada, verhaftet, des Mordes ersten Grades für schuldig befunden, zum Tode verurteilt und am 14. April 1965 durch den Strang hingerichtet.

Obwohl es Ähnlichkeiten zwischen den beiden Verbrechen gibt, waren die Behörden in Florida nicht in der Lage, Hickock und Smith eindeutig mit den Walker-Morden in Verbindung zu bringen. Zu den Ähnlichkeiten und Unterschieden gehören:

1. Die Verbrechen wurden im Abstand von einem Monat, aber 1.600 Meilen voneinander entfernt begangen.

2. In beiden Fällen ging es um die Ermordung einer vierköpfigen Familie, die in einem ländlichen Bauernhaus lebte.

3. Alle vier Mitglieder jeder Familie wurden ins Gesicht und/oder in den Kopf geschossen. Die Clutters waren gefesselt, die Walkers nicht.

4. Auf den Körpern der beiden Ehefrauen - Bonnie Clutter und Christine Walker - befanden sich Spermaflecken.

5. Das Motiv für die Walker-Morde ist nach wie vor unklar, aber die Familie war nicht wohlhabend, und die einzigen gestohlenen Gegenstände hatten einen sentimentalen Wert. Das Motiv für die Clutter-Morde war finanzieller Natur.

6. In beiden Wohnungen wurden ein blondes und ein dunkles Haar gefunden, aber es gab keine Hautzellen, die mit der DNA übereinstimmten.

7. Die Fingerabdrücke auf dem Wasserhahn der Walker-Badewanne stimmten weder mit denen von Hickock noch mit denen von Smith überein, obwohl man glaubte, dass es sich bei dem Abdruck um einen

Handflächenabdruck handelte, der jedoch mit Fingerabdrücken verglichen wurde.

8. Hickock und Smith hätten nichts von dem Schuppen gewusst, in dem die blutige Kleidung gefunden wurde.

9. Die Clutters wurden mit einer 12-Kaliber-Schrotflinte getötet, die Walkers mit einer Kaliber-.22-Waffe.

10. Weder Hickock noch Smith haben den Mord an Walker jemals gestanden; beide haben sich einem Lügendetektortest unterzogen und bestanden.

11. Obwohl Zeugen behaupteten, die beiden Männer zur Tatzeit in der Nähe von Osprey gesehen zu haben, wurden sie erst erkannt, nachdem die Behörden Fotos von ihnen in Umlauf gebracht hatten.

12. Im Dezember 2012 wurden die Leichen von Hickock und Smith aus ihren Gräbern auf dem Friedhof der Justizvollzugsanstalt Lansing exhumiert und DNA-Proben von ihren Beinknochen

genommen. Die DNA-Analyse erwies sich als nicht schlüssig. Nach Angaben der Behörden waren die Proben zu degradiert, um den Profilen zu entsprechen, und es bestand die Möglichkeit einer Kontamination durch jahrelange Handhabung und Lagerung.

Im März 2014 gab es keine Pläne, weitere DNA-Analysen der Verdächtigen oder Tatortspuren anzufordern, aber der Fall bleibt offen. Der Mord an der Familie Walker ist das älteste ungelöste Verbrechen in der Geschichte des Sarasota County Sheriff's Department.

BEREIT FÜR MEHR?

Wir hoffen, dass Ihnen die Lektüre dieser Reihe gefallen hat. Wenn Sie bereit sind, ähnliche Geschichten zu lesen, schauen Sie sich die anderen Bücher der *Cold Case* Crime-Serie an:

Der Märtyrer von El Salvador: Die Ermordung von Óscar Romero (von Reagan Martin)

Óscar Romero, ein angesehener katholischer Priester, forderte die Soldaten auf, als Christen ihre Waffen niederzulegen und nicht länger den Befehl der Regierung auszuführen, den Bürgern die elementarsten Menschenrechte zu entziehen... Dafür wurde er ermordet. Seit über 30 Jahren ist sein Mord ungeklärt.

Wer würde einen Priester ermorden, der nur

die Ungerechtigkeit beenden wollte? Und was noch wichtiger ist: Warum wurde nichts unternommen, um die Mörder des geliebten Erzbischofs des Landes zu verurteilen, obwohl es stichhaltige Beweise gibt, die die beteiligten Mörder benennen?

Vernichtung in Austin: Die Dienstmädchen-Vernichtungsmorde von 1885 (von Tim Huddleston)

Mord. Chaos. Empörung. So sah es in der texanischen Hauptstadt Austin von 1884 bis 1885 aus. Die Stadt wurde von einer Reihe von blutigen Morden heimgesucht. Frauen wurden nicht nur getötet, sondern lebendig aus ihren Betten gezerrt, nach draußen gebracht, wo sie oft gefoltert und dann ermordet wurden. Sechs der Opfer, alles Frauen, wurden mit scharfen Gegenständen in den Ohren tot aufgefunden.

So entsetzlich die Morde auch waren, noch entsetzlicher ist, dass die Person, die diese abscheulichen Gewalttaten begangen hat, nie gefunden wurde. Bis heute ist dies eines der

berühmtesten ungelösten Verbrechen.
Mehrere renommierte Historiker vermuten seit
langem, dass der wahre Mörder niemand an-
deres als Jack the Ripper gewesen sein könnte.

Dieses Buch ist fesselnd und spannend
geschrieben und bringt Sie zurück nach Austin,
Texas, damit Sie den Horror und die Panik
selbst erleben können. Schwache Gemüter
wenden sich ab!

**Der Axeman: Die brutale Geschichte des Ax-
tmannes von New Orleans (von Wallace Ed-
wards)**

Zwischen 1918 und 1919 trieb ein
Serienmörder in New Orleans sein Unwesen.
Die Waffe seiner Wahl? Die Axt. Er verschonte
keine Frauen. Oder Kinder. Nicht einmal Männer. Es gab nur eine Art von Menschen, die von
der Klinge seiner Axt verschont werden
konnten: die Wohnung einer Person, die Jazz-
musik spielte. Mindestens acht Menschen
wurden brutal ermordet. Wer könnte für dieses
Verbrechen verantwortlich sein, und welche

Verbindungen gab es zur Mafia? Hat eine korrupte Polizeibehörde diesen Fall absichtlich ungelöst gelassen?

Kommen Sie mit, wenn Sie sich trauen, denn Absolute Crime nimmt Sie mit auf die Jagd nach einem der brutalsten Mörder, die je gelebt haben.

Der Galapagos-Mord: Das Mordgeheimnis, das den Äquator erschütterte (von Fergus Mason)

Die Galapagos-Inseln sind ein Paradies für Wissenschaftler. Sie beherbergen seltene Lebewesen, wurden durch Charles Darwin berühmt und sind der ideale Ort zum Studieren, Entspannen ... und für Mord?

Im September 1929 kamen zwei Siedler auf der einsamen Insel Floreana an. Sie träumten davon, dem Alltag zu entfliehen und lebten diesen Traum, bis eine arrogante Baronin und ihre Liebhaber eintrafen. Die Baronin verwandelte das Inselparadies in eine lebende Hölle und verschwand plötzlich spurlos. Bis heute ist niemand sicher, was mit ihr geschehen ist.

Dies ist die Geschichte von Liebe, Paradies, Verrat und Mord. Sie wird Sie dazu bringen, zweimal nachzudenken, bevor Sie sich in Ihr eigenes tropisches Paradies zurückziehen!

Jung, schwul und tot: Eine Biografie des meist übersehenen Serienmörders von San Francisco, dem Doodler (von Reagan Martin)

Der Zodiac-Killer mag der berüchtigtste Serienmörder San Franciscos gewesen sein, aber ein anderer, ebenso grausamer Mörder trieb zur gleichen Zeit sein Unwesen und wurde, genau wie der Zodiac-Killer, nie für seine Verbrechen verhaftet. Der Unterschied besteht darin, dass über die Mordserie des Zodiac-Killers viel berichtet wurde, während dieser andere Killer, der den Spitznamen "The Doodler" (der Tüftler) trug, von den Medien nicht erwähnt wurde und heute nahezu unbekannt ist.

Wie konnte dieser skrupellose Mörder fast in

Vergessenheit geraten? Weil er es nicht auf hilflose Frauen oder Kinder abgesehen hatte, sondern auf Schwule - und in den 70er Jahren glaubten viele Menschen, sie hätten es verdient; wenn sie nur aufhören würden, schwul zu sein, dann wäre alles gut.

In diesem fesselnden Kurzbuch begeben Sie sich auf die Spur eines der brutalsten Mörder, die je gelebt haben. Lesen Sie, warum seine Opfer von einer homophoben Presse ignoriert wurden und wie er von drei entkommenen Opfern identifiziert wurde ... nur um dann frei zu kommen, ohne verhaftet zu werden.

Jeff Davis 8: Die wahre Geschichte hinter dem ungelösten Mord, der angeblich die erste Staffel von True Detective inspirierte (von Fergus Mason)

Jefferson Davis Parish wird als malerisch beschrieben, und in vielerlei Hinsicht ist es das auch. Für jemanden aus einer Großstadt ist ein Großteil der Gegend, vor allem inmitten der Farmen, wie eine Reise in einer Zeitmaschine.

Für eine verschlafene ländliche Gemeinde ist Jefferson Davis jedoch viel gewalttätiger, als man erwarten würde, und heutzutage sind billige, potente Kokainstangen die Ursache für einen Großteil dieser Gewalt.

Crack-Süchtige sind bekanntlich zu allem bereit, um ihre Sucht zu finanzieren, und so ist die Straßenprostitution zu einem echten Problem geworden, das sich vor allem in den ärmeren Vierteln der Stadt südlich der Bahnlinie konzentriert. Prostitution - vor allem auf dem Straßenstrich - ist ein gefährliches Geschäft, und so war das Büro des Sheriffs nicht allzu überrascht, als der erste Tote auftauchte. Als die Zahl der Toten anstieg, wurden die Leute aufmerksam, aber trotz aller Bemühungen gingen die Morde weiter, bis acht Frauen tot waren.

Dieses Buch zeichnet eines der faszinierendsten ungelösten Verbrechen in der Geschichte Louisianas nach. Viele glauben, dass es 2014 zu einer der Inspirationen für die erste Staffel der HBO-Serie "True Detective" wurde. Aber die

Verbrechen in diesem Buch sind viel schocki-
erender als alles, was im Fernsehen gezeigt
wird.

NEWSLETTER ANGEBOT

Vergessen Sie nicht, sich für Ihren Newsletter anzumelden, um Ihr kostenloses Buch zu erhalten:

http://www.absolutecrime.com/newsletter